运筹多空策略
捍卫金融疆土

一场没有硝烟的战争已经打响！
谁将成为最后的王者？
谁能捍卫中国的金融疆土？

期货英雄 9

——蓝海密剑中国对冲基金经理公开赛优秀选手访谈录 2019

王亮亮　沈　良　刘健伟　主编

东航金融＆七禾网　出品

地震出版社
Seismological Press

图书在版编目（CIP）数据

期货英雄. 9/ 王亮亮，沈良，刘健伟主编. —北京：地震出版社，2019.12
ISBN 978-7-5028-5178-1

Ⅰ．①期… Ⅱ．①王… ②沈… ③刘… Ⅲ．①期货交易—经验
Ⅳ．①F830.9

中国版本图书馆 CIP 数据核字（2020）第 001797 号

地震版　XM4580/F（5897）

期货英雄 9

王亮亮　　沈　良　　刘健伟　　主编
责任编辑：范静泊
责任校对：凌　樱　　王忠东

出版发行：地震出版社

北京市海淀区民族大学南路 9 号　　　邮编：100081
发行部：68423031　　68467993　　传真：88421706
门市部：68467991　　　　　　　　传真：68467991
总编室：68462709　　68423029　　传真：68455221
证券图书事业部：68426052　68470332
http://seismologicalpress.com
E-mail: zqbj68426052@163.com

经销：全国各地新华书店
印刷：北京市兴星伟业印刷有限公司

版（印）次：2019 年 12 月第一版　2019 年 12 月第一次印刷
开本：787×1092　1/16
字数：228 千字
印张：13
书号：ISBN 978-7-5028-5178-1
定价：48.00 元

版权所有　翻印必究

（图书出现印装问题，本社负责调换）

《期货英雄9》编委会

主编：王亮亮　　沈　良　　刘健伟
编委：顾姗姗　　顾小艺　　翁建平　　唐正璐　　李　烨　　刘文强
　　　钱灵杰　　朱洪烨

目 录

序 ··· 1
历届期货英雄寄语 ·· 1
张恒梁：行情面前，你是做一只"病猫"还是一只"猛虎" ············ 1
陆权：一旦基本面平衡被打破，重仓入场！ ································· 9
李英南：期货交易——真正意义上的"一将功成万骨枯" ············· 17
王琦：专注量化交易，不想做"明星"，只想做"寿星" ··············· 27
张毅：进入这个市场，我就是来投机的！ ··································· 37
芷瀚资产李栋：坚持穿越周期的绝对收益量化 CTA 策略 ············· 45
宣以麟：风控是我资金翻倍增长的关键！ ·································· 61
孙辉："截断亏损，让利润奔跑"正是大多数人亏钱的原因！ ······· 69
金森波：最主要的就是要敬畏这个市场 ······································ 79
雷百亮：中国证券市场真正的牛市才刚刚开始 ···························· 87
由势投资胡珍珠：你盈利的时候就是在顺势，你亏损的时候就是在逆势 ··· 95
张金光：投资是一场修行，苦难和折磨会转化为机遇和财富 ········ 105
刘锡斌：连续 10 年稳定盈利——我们将在量化 CTA 领域中做到极致！ ··· 113
红妤：生活不只有期货交易，幸福也不只关乎金钱 ···················· 123
叶海兵：兵贵神速，谋定而后动 ··· 131
蓝海密剑中国对冲基金经理公开赛1~11届获奖名单 ················· 137
蓝海密剑 2020 中国私募基金创富榜参赛规则及相关说明 ·········· 139

序

刚刚过去的 2019 年里，中国期货市场加快了创新的步伐，仅这一年中，新品种上市数量共 14 个，达历年之最。在衍生品创新方面，期货与证券市场先后推出了 5 个商品期权和 3 个金融期权产品。作为交易者，可选策略工具无疑进一步丰富，但与此同时，交易技术、方法和观念上又必将历经新的考验。

蓝海密剑系列赛事始终保持以无间断连续成绩统计、长周期选拔与多级孵化为特点，每年都涌现百余人次交易风格各异的优秀获奖选手。无论亲临颁奖现场与之互动，亦或读者们即将打开这本汇聚选手真实所感的《期货英雄9》，都是期货人交易精神碰撞交流的难得机会。正是有了获奖精英的无私分享，比赛和交易才不是枯燥的数字，真实的所思所悟更让我们体会到交易者们所获荣誉的厚重。

众所周知，太阳每隔 11 年都会经历一个活跃高峰期，宇宙万物似乎有着说不出的某种关联。2008 年大赛开赛之初，由于金融危机造成大宗商品剧烈波动，造就了经典赛事收益率标杆，11 年后的最近一届净值领先选手以年度超 60 倍收益突破历史纪录，累计盈利过亿的荣誉榜也再添精英。2020 年，曾是儿时科幻电影里的 future，如今这"未来"已成现实。"新周期"的蓝海密剑也将再度重磅升级，中国私募基金创富榜的广阔平台期待蓝海精英们大显身手。

由衷感谢蓝海期货英雄们的无私分享以及编委们几个月以来的精心访谈整理，祝愿各位读者朋友都能在本书中得到收获与启发。

王亮亮

历届期货英雄寄语

林朝昱：十年弹指一挥间，蓝海密剑已经举办11年了，而我自己也在期货市场摸爬滚打了十几年。2019年是很艰难的一年，多数品种都录得比较低的波动率，股指更是在4月份之后一直保持区间窄幅波动，这对趋势跟踪策略是极大的考验。我本人也录得继2009年之后的又一年度亏损，对自己的交易理念、交易信心也是比较大的考验。

经常有人问我做期货投资难吗？难！比你优秀的人比你还努力，你凭什么挤进"一赚二平七亏"中一赚二平的行列？期货投资最难的是什么，是看到别人的股票连续涨停，你能够一动不动，专心喝茶；面对别人翻番的净值曲线，你能不为所动，坚守自己的交易系统。坚守与执行才是期货投资的难中之难。

最后，祝蓝海密剑实盘大赛越办越好！祝东航金融事业蒸蒸日上！

周伟：岁月如梭，转眼又是一年书写《期货英雄9》寄语的时候。2019年的市场跌宕起伏，各种意外如影随形，大浪淘沙，优胜劣汰，而蓝海密剑则如那海中礁石，任凭潮起潮落，依旧岿然不动，它为交易者们提供了一个最好的舞台，让各路明星熠熠生辉，绽放光彩。

这是最坏的时代，同时也是最好的时代，新鲜血液不断涌入，交易新星不断涌现，希望中国期货市场能够更加繁荣，也希望每个人都能有所收获。回首无悔，最后，祝蓝海密剑越办越好，《期货英雄9》顺利出版。

范敬智：过去的一年，金融市场动荡多变，面对地缘政治及单边贸易保护主义等议题主宰着的2019年金融市场波动，商品期货及指数期货都出现了不同的行情。

作为资深的期权期货投资人，我分享一下何谓成功投资人的心得。市场上很多人都是以主观交易为基础，主观交易出现往往是因投资者相信自己的分析及眼光，正因为市场上有很多这样的投资者，交易顺境时会出现很多期货英雄。但逆境之时，最重要是检讨主观意向是否正确，再配合调整投资策略去解决困局，成功的投资人能当机立断调整策略，因此，我认为成功的投资人不在于他有多少回报，而在于心理上有承受市场逆境压力的能力。

蓝海密剑已经举办了十一届，很高兴看见当中很多投资人的成功都是在于其出色的逆境承受能力。我期望能见证更多出色的选手出现，亦十分感谢《期货英雄9》的编委们邀请本人撰写心得。祝愿期货英雄们来年继续成功！

刘卫新：期货市场就是一个江湖，你可以看到很多派系，也可以看到很多"武功"，你可以复制别人的"招式"，但终归无法复制别人的性格和思维。在信息时代，大家都不缺操作技巧，缺的是自我定位。量体裁衣去完善符合自己性格的交易系统，这才是关键。

方杭瑞：蓝海密剑是一个非常好的平台，发掘了很多优秀的投资人，也让他们向市场传递了正能量，同投资者分享了他们的投资方法和心得。

说到投资，大家都知道，心态最重要，因为每个人都会遇到贪婪与恐惧。贪婪与恐惧会让你的交易变形，从而执行不了交易计划，贪婪与恐惧会让你患得患失，赚了，后悔仓位太轻；亏了，后悔仓位太重。所以要想有一个良好的心态，一定要解决好贪婪与恐惧的问题。

要想克服贪婪与恐惧，我们要做好资金管理——做最坏的打算，尽最大的努力；做好风险与收益的平衡——风险与收益总是有一定的比例，不能只看到暴利，也要充分考虑暴利后面的风险；做好完善的交易计划，深入思考交易过程当中可能出现的种种变化，这样不仅能够让这笔交易很好地去执行，还能让这笔交易的盈利最大化。

任何事情都有坏的一面，也都有好的一面，贪婪和恐惧也一样。我们因为恐惧，所以始终对市场保持一份敬畏之心，做好充分的风险管理，做好止损，这样就能确保我们不亏大钱；我们因为贪婪，所以我们要准确把握每一个机会，充分利用每一个机会，让盈利最大化。股市当中有一句很有名的谚语，也充分说明了贪婪与恐惧也是有好的一面的——在别人恐惧时贪婪，在别人贪婪时恐惧。

最后，祝愿有缘的投资人，能够充分吸收期货英雄们的投资方法及交易理念，也成为一名期货英雄。

月季阳：期货交易思想是道的精髓，好的指导思想一定能衍生出好的交易战术，帮助你在市场中获利生存。根据二八生存定律，无论科技与软件如何发展，散户永远存在生存发展空间。

蓝海密剑实盘大赛是期货交易者的学习交流平台，比赛时间跨度长，更像期货马拉松实盘赛，能体现交易者的持久耐力，同时注重期货交易新星的发掘与培养，值得更多的期货衍生品交易者参与进来。

祝愿《期货英雄》系列丛书越来越好！

王东海：不知不觉从我接受"期货英雄8"专访至今马上一年了，翻开自己的访谈录，事实证明我是对的——在这一年的时间里，橡胶指数涨了13%左右，沪银涨了15%左右，棕榈涨了30%多，豆油涨了20%多，上证指数涨了接近20%，创业板指数更是涨幅高达40%，无一下跌。

当然，我也用自己的实际行动取得了不错的收益，虽然期间因为种种因素导致自己身不由己，但全年整体而言，还是发挥得非常不错。2019年如果说是一个小年的话，我相信2020年很可能是一个大年。究竟是不是，就让未来的市场来验证吧！

不知不觉，蓝海密剑实盘大赛已经举办了十一个年头，而自己来到这里也仅仅三年有余，非常希望东航金融能长期把大赛举办下去，大胆创新，不走寻常路，多给奋斗在期货战线上的选手们提供机会。

尹小波：《期货英雄9》出版在即，借此机会，我对在2019年市场征战中取得辉煌战绩的各位英雄表示衷心的祝贺。在投机的世界里，艰难总会在明天，只有那些具备顽强意志和不屈精神的人才能够坚持到最后并取得成功。我相信市场中每一个经历过艰苦卓绝努力的人都能够取得高额的回报。登上最险峻的山峰，才能看到世间绝美的风景，人生和交易都是如此。最后，我作一首五言绝句与诸君共勉：蓝海风云起，千帆逐浪波。英雄刀剑在，一啸动山河。

卓丽科：搭乘东航的航班和大家一起寻期货梦已经十一个年头了，期间虽有颠簸，但期友们一起欢笑、烦恼，共同为期货梦奋斗的日子无比幸福、温暖，并让我获益良多。

东航超前、创新的思维见证并引领了中国期货市场的飞速发展，而我们更得益于这个成功的金融平台。感谢东航，新的期货征程，我们还将和你在一起，因为看到你，我们就会看到中国金融美好的未来。

王卿：连续盈利六载之际，也是新征程的开端。2019年我的最大感悟是：少即是多，与其力争覆盖全品种，不如专注于少数价格波动更大、趋势性更强的品种。

多策略始终是必要的，如不日益精进，便无法知悉市场的变化。

在此，预祝蓝海密剑越办越好！第十二届比赛盛大开幕！

张恒梁：行情面前，你是做一只"病猫"还是一只"猛虎"

(2019年10月15日　顾姗姗访谈整理)

张恒梁

昵称"幽灵的礼物"，山东济南人，2011年开始交易美股，2013年做日本股票，2015年进入国内期货市场。以技术分析为主，纯手工日内短线和波段交易。2016年蓝海密剑机枪手第一名，2018年蓝海密剑实盘大赛年度先锋第二名。

精彩观点：

在万般无奈之下，开口去和爸妈要了卖小麦的7000元钱来做期货，就这样，顶着巨大压力、怀着一点点希望进入了期货市场。

一开始不允许自己亏钱，哪怕一天亏 100 元，自己都非常难过。

对品种跟踪和了解，顺势操作，坚决止损，顺大势，逆小势，天天把交易当作自己的工作，保持良好的心态。

很多时候，我是以盘口吃单量的大小加 K 线图相结合来作为参考依据的，不断感受多空双方力量来判断方向。

手工交易的优势是当行情出现剧烈变化的时候能随主观的思维随时改变，不会让行情的剧烈波动来造成大的影响。劣势就是期货账户受限制，资金量受限制，还有就是比程序化累得多。

在交易当中，当行情没有符合你的预期去走的情况下，及时减仓，或者止损，我一直认为止损永远没有错，即使刚止损完行情又回来了，那也值得，不舍得止损的人就是太小气了。

我在市场里始终认为，市场价格没有最高只有更高，没有最低只有更低，所以顺势操作、坚决止损的重要性就在于此。

对期货市场影响比较大的有国际新闻、外盘，还有供求关系。

我一般做日内，偶尔隔夜，在节假日的时候一般不隔夜，这样就把风险降到最低。

持续的资金增长会给自己带来很大的信心，如果赔钱，最好控制在自己承受的范围之内。

当自己做得不好的情况下，应当及时停下手，调整一下自己的状态；当一段行情不适合自己的时候，这段时间一定控制自己少下单，尽量找适合自己的行情。

做交易本来就是一个贪婪与害怕的博弈。

我认为每个点位进都是安全的，就看自己做哪个方向。

当行情反转时，我会不计代价地去止损平仓，因为自己做反方向了。

当行情不大有的时候，我会像一只病猫在那缩着观望，但行情来临的时候，我又会像只猛虎一样会瞬间重仓去做。

对于大部分做期货的人来说，不能有侥幸心理。

期货市场如战场，是一个强者生存、弱者淘汰的市场，市场没有感情，没有眼泪，只有努力使自己去适应市场行情的变化才能成为市场的强者。

做交易是一个对身体和心理素质都要求很高的工作，保持良好的心理状态，还要平时多做体育锻炼，保持一个强壮的身体。

我把交易当作生活的一部分了，快乐交易，快乐生活，不断完善自己的不足，我始终提醒自己做交易如逆水行舟，不进则退，一步一个脚印去努力做盘，让自己不断变大变强。

问题 1：张恒梁先生您好！感谢您在百忙之中与东航金融、七禾网进行深入对话。您从 2011 年开始做美股，之后是日本股票，2015 年进入期货市场，请问是什么原因让您进入期货市场的？

张恒梁：我从 2011 年开始做美股，也是一个偶然的机会，只是听说做美股能挣钱，抱着试一试的态度去公司面试，用了 9 个月才做到毕业水平（毕业等于每月盈利 2000 美金以上），我在公司新人当中算是做得不错的，只是每天都上夜班，那时我天天睡不着觉，所以就不干了。不干美股之后开始做日本股票，日本市场是白天的，但是做到 2014 年 10 月，公司软件出了问题，没法做了。在那段时间心情跌入谷底，不知道自己去做什么工作，而且我用美股挣的一点钱买了房子，手里几乎一分钱都没有了，但是又找不到市场去做。从 2014 年 10 月到 2015 年初，中间做了很多工作，去酒店洗碗，去给房地产商发传单等等，但心里总想再做交易，做的这些工作只能解决自己的温饱问题，当时已经有了房贷，还有孩子，压力不言而喻。2015 年初听一个朋友说你可以做期货试试，当时我手里已经没有钱了，但是做其他工作不挣钱，在万般无奈之下开口去和爸妈要了卖小麦的 7000 元钱来做期货，就这样顶着巨大压力和一点点希望进入了期货市场。当时钱太少了，很多产品不能做，有的也就能做一手，每天的压力可想而知。就这样一点一点做到现在。

问题 2：看到您连续 4 年的业绩都非常优秀，每年都有盈利，资金曲线平滑，且回撤控制得很小，请问您是如何做到稳定盈利的？

张恒梁：首先我一直保持那份初心，一开始不允许自己亏钱，哪怕一天亏 100 元，自己都非常难过，因为自己连吃饭的钱都没有了。可能我说这些很多人都不会相信，但拿自己父母的血汗钱去做交易，心里亏一分钱感觉自己都对不起父母。再加上我前几年做美股和日股积累的经验运用到期货市场里，就是这样的心态把资金一点一点积累起来的。

问题3：您在第十届蓝海密剑中国对冲基金公开赛中获得了年度单位净值第二名的优异成绩，请问您的交易策略以及交易理念是怎样的？

张恒梁：因为我是做日内交易的，每天关注比较活跃的品种，加上自己比较熟悉的品种，对品种跟踪和了解，顺势操作，坚决止损，顺大势，逆小势，天天把交易当作自己的工作，保持良好的心态。

问题4：您是否会编制交易计划，您的交易计划会包含哪些内容？

张恒梁：我一般不会编制自己的交易计划，就是每天对每个品种的侧重点不同，比如说最近黑色系比较活跃，那我今天的大部分精力放到黑色系上面，其他的品种就会少看一些。

问题5：您是以技术分析为主，请问您一般主要分析哪些技术指标、图形或变量？您认为一般在什么条件下，技术分析是有效的？

张恒梁：很多时候，我是以盘口吃单量的大小加K线图相结合来作为参考依据的，不断感受多空双方力量来判断方向。我觉得在不出新闻的情况下一般都有效吧，当然期货市场风云突变，还要根据当时的具体情况来确定做多做空，还是平仓观望。

问题6：您是用纯手工交易，是否考虑建立程序化交易系统？您认为手工交易的优势与劣势分别是什么？

张恒梁：首先说明一下，现在我对程序化交易几乎一点都不清楚，自己也想去学习，但没有碰到合适的老师。手工交易的优势是当行情出现剧烈变化的时候能随主观的思维随时改变，不会让行情的剧烈波动来造成大的影响。劣势就是期货账户受限制，资金量受限制，还有就是比程序化累得多。

问题7：手工交易执行力非常重要，您是如何培养自己的执行力和自律性？在交易中，您是如何表现您的执行力和自控力的？

张恒梁：我的执行力其实在一开始交易美股的时候就已经培养出来了。当时要求我们就是顺势操作，坚决止损，一个交易日只能让你赔20美元，赔多了，一晚就不能做了，如果第二天再赔20美元，第三天你就停盘写检讨，当连续三个月让公司赔钱，到第四个月就被公司开除了，所以当时公司要求是很严格的。我就是在那种情况下把执行力和自律性培养出来的。在交易当中，当行情没有符合你的预期去走的情况下，及时减仓，或者止损，我一直认为止损永远没有错，即使刚止损完行情又回来了，那也值得，不舍得止损的人就是太小气了。很多赔大钱的交易员往往抱有侥幸心理，总感觉价格很低了或者很高了会回调回来，但有时往往与预期越走越反，直至爆仓。我在市场里始终认为，市场价格没有最高只有更高，没有最低只有更低，所以顺势操作、坚决止损的重要性就在于此。

问题8：近两年，市场上出现不少品种调研团，许多投资者也纷纷加入基本面分析，您是如何看待基本面分析的？

张恒梁：我有时也看看新闻，但对很多产品的基本面不是很了解，基本面可以让一个投资者做出一个大方向的判断，在蓝海密剑当中能挣大钱的都是研究基本面的，但研究基本面必须有资金做保障吧。

问题9：您对期货市场的理解是不确定性因素太大，一定要做好风险控制，请问您认为对期货市场影响较大的是哪些因素，同时您又是如何做好风控的呢？

张恒梁：对期货市场影响比较大的有国际新闻、外盘，还有供求关系，这些对期货的影响比较大。我一般做日内，偶尔隔夜，在节假日的时候一般不隔夜，这样就把风险降到最低。

问题10：做交易资金管理非常重要，您是否愿意跟我们普通投资者分享一下您是如何做好资金管理的？

张恒梁：我想看到每天的资金都在上涨，当然这不大现实，但持续的资金增长会给自己带来很大的信心，如果赔钱，最好控制在自己承受的范围之内。很多交易员越亏心态越乱，情绪越急躁，自己也越想把损失搏回来，反而越做越不好，很容易形成恶性循环。当自己做得不好的情况下，应当及时停下手，调整一下自己的状态，当一段行情不适合自己的时候，这段时间一定控制自己少下单，尽量找适合自己的行情。

问题11：短线交易在资金量方面容易受到制约，您的交易系统一般可以承载多少资金量？您在交易过程中有没有遇到其他制约？您是如何克服的？

张恒梁：短线交易确实受资金量的制约，我现在能承载的资金量也不是很多，但随着我交易策略的成熟，可能往后会好得多。很多时候也受手数和心理的影响，做交易本来就是一个贪婪与害怕的博弈，有时候很矛盾，越想进得多，心理就越怕赔钱，所以我一般的仓位都在自己可承受的范围之内，这样能让自己保持一个好的心态。

问题12：短线交易进出场的点位是关键，您是如何选择进出场点位的？

张恒梁：找适合自己的行情，取决于对一个产品的持续跟踪和了解。我认为每个点位进都是安全的，就看自己做哪个方向，一旦方向做反了，就应当及时止损。出场点就好多了，根据当时的行情来决定是否该持有或者离场。

问题13：当出现震荡行情时，您如何处理？当行情出现反转，您又会如何处理？

张恒梁：当行情震荡时，大多数时候我会选择观望，偶尔做几单，感受市场的力量和方向，尽量不去重仓操作；当行情反转时，我会不计代价去止损平仓，因为自己做反方向了。当然，行情一旦确立，就按自己平时的做法去继续交易。

问题14：您通常什么情况下会做止盈？什么情况下会做止损？

张恒梁：止盈的情况比较好办，挣钱出货的心情始终比赔钱出货的心情好得多。当建立仓位的时候，我的心里已经给自己设立了止损位；当到我的止损位时，我还要看情况。现在很多时候都是假突破，但一般情况下破位止损，就要坚决。

问题15：您是否经历过长期反复止损的情况？这类情况有时是由于行情所致，有时是由于策略失效，您会在什么情况下对策略进行调整或是更新？

张恒梁：可能会经历几次反复止损的情况，那时自己就该马上停手了，让自己重新认识一下行情。或许自己的思路已经不符合当时的行情了，那就要改变思路，或者换个品种去做，调整一下心情，再慢慢重新做起。

问题16：您是如何选择交易品种的，通常交易哪些品种？您在进行品种配置时，是会将资金均摊到各品种，还是会针对少数品种重仓交易？

张恒梁：我选择比较活跃的品种，比如焦煤、焦炭，还有苹果、鸡蛋，当行情不大有的时候我会像一只病猫在那缩着观望，但行情来临的时候我又会像只猛虎一样会瞬间重仓去做，这个还得取决于行情吧。

问题17：您觉得今年4季度有哪些品种或是板块值得关注？

张恒梁：我主要做短线，一般不会看得那么远，但黑色系一直会比较活跃，就像今年的铁矿石一样，涨多少掉多少，可能有很多多单会出不去。

问题18：您现在还有在做美股、日股吗？您觉得A股、美股、日股，就目前来看，哪个市场更有投资价值？

张恒梁：我现在不做美股和日股了。其实对于大多数人来说，投资都是为了赚钱，哪个市场适合自己最重要，哪个市场能让自己赚钱就更值得投资。但是美股市场更成熟些，毕竟它多空都能做，而且没有涨跌停板，也能做日内，但A股有很多限制，没有美股、日股成熟。这只是我的观点。

问题19：股指期货在今年1季度走势喜人，近期又出现大幅上涨，对于股指期货4季度走势，您如何看待？

张恒梁：A股股指期货很难判断，它在低位已经横了好几年了，可能会涨一波，不好说，但也可能继续横盘。

问题20：您觉得想要在期货市场上生存下来，需要哪些素质或能力？

张恒梁：我觉得对于大部分做期货的人来说，不能有侥幸心理。把心态放平，对自己的仓位不能掉以轻心，要随时关注市场的变化，更要顺势操作，坚决止损，这样才能活得长久些。

问题21：作为一名职业投资人，您有哪些经验或建议，可以分享给我们投资者朋友？

张恒梁：期货市场如战场，是一个强者生存、弱者淘汰的市场，市场没有感情，没有眼泪，只有努力使自己去适应市场行情的变化才能成为市场的强者。市场有很多之前厉害的高手，都挣了很多钱，到最后由于各种原因亏得血本无归。所以我想说挣属于自己的那份钱，不是自己的就不要强求。做交易是一个对身体和心理素质都要求很高的工作，保持良好的心理状态，还要平时多做体育锻炼，保持一个强壮的身体。我没有很多的理论基础，这些都是通过这几年的实盘经历来告诉那些普通的投资者，可能有许多说得不对的地方，望大家包涵，希望与大家共勉。

问题22：对自己未来的交易之路有什么规划？

张恒梁：我把交易当作生活的一部分了，快乐交易，快乐生活，自己不断完善自己的不足，我始终提醒自己做交易如逆水行舟，不进则退，一步一个脚印去努力做盘，让自己不断变大变强。

陆权：一旦基本面平衡被打破，重仓入场！

(2019年11月7日 李烨访谈整理)

陆权

浙江杭州人，中长线手工交易，基本面为主，技术面为辅，有自己独立的交易系统，在第十届蓝海密剑中国对冲基金公开赛中获得海军组第二名。

精彩观点：

长期在期货市场上"活"下去的秘诀是热爱交易，相信自己一定能在这个市场上赚到钱。

在强势行情面前，千万不可死扛。

苹果今年5月份的上涨,是交易高"开称价"逻辑(实际证伪)。6—9月的下跌,交易的是丰产价跌逻辑。而现在出现反弹,主要交易的是好果少,仓单成本高的逻辑。

(苹果)如果反弹到9000以上,肯定可以做空。但往下空间也不是太大,估计也就是在8000~9000左右的一个震荡。

基本面主要看供需的矛盾,包括库存、利润、基差。技术面主要看K线的形态。

当价格没有动态反映基本面的时候,就是市场犯错的时候。

我的系统解决的是交易的根本性问题。

我在市场中寻找的机会是基本面平衡被打破的拐点。所谓拐点,是指基本面发生了重大变化,这个变化必然会导致价格急剧变化,在那一刻介入,肯定会使仓位立刻产生盈利,可以重仓交易。

市场永远有机会。

问题1: 陆权先生您好,感谢您在百忙之中与七禾网、东航金融进行深入对话。您接触期货交易已经有11年时间,请问您当时是在怎样的机缘巧合下进入到期货市场中的?

陆权: 2009年的6月份,我接到一个中介的电话,说当时股票机会不大,但是期货的机会很大,问我有没有兴趣参与期货交易。我这个人耳根子比较软,容易相信人,再加上之前对期货也有所耳闻,觉得去了解一下也不错,于是去现场看了一下,然后当场开了户,并一直做到现在。

问题2: "活着就好"是很多交易者的心声,您已经在期货市场"活了"11年,就您看来,长期在期货市场上"活"下去的秘诀是什么?

陆权: 第一,热爱交易;第二,相信自己一定能在这个市场上赚到钱。

问题3: 近期,您的账户净值又创了新高,主要是抓住了哪些行情?您是如何去判断的?

陆权: 主要是因为我最近做到了鸡蛋这波行情,成功抓住了1912合约与2001合约的套利机会。在今年8月20日前后,这两个合约的价差是十几个点。我当时觉得市场没有考虑到一个因素，那就是2001合约的最后交割日在节后，说明这个合约最后对应的是春节后的价格。我们都知道，与春节前相比，节后的蛋价会下跌1~1.5元，所以我觉得这个价差极其不合理，于是就大仓位做了进去，后来确实也取得了比较不错的收益。

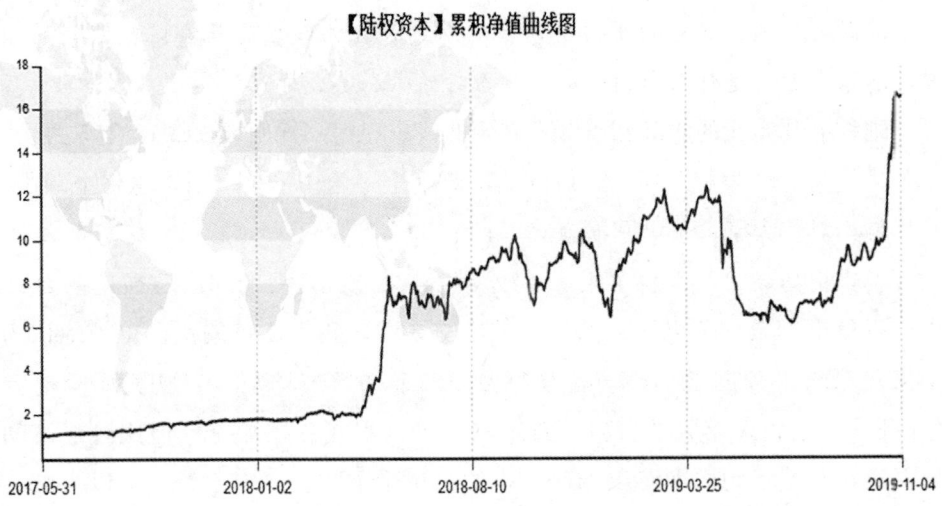

【陆权资本】累积净值曲线图

盈利以后，我平仓过一次。但是后来我仔细想了一下，觉得应该还会有大机会，就又把仓位做回去了。主要原因如下：第一，在猪肉史无前例的高价下，鸡蛋肯定会有大机会，至于如何把握住这个机会，是我一直都在思考的问题。第二，从猪肉对淘汰鸡价格的拉动作用来看，蛋价应该会走强。但是按照惯例来看，蛋价在中秋和国庆两个节日后会下跌1元左右。所以虽然鸡蛋有机会，但是对于单边的行情还是看不准。于是，我还是考虑从价差套利入手，将仓位做了回去。这个仓位一直持有到10月21日。

10月21日的前两天是双休，在那个双休之前，肉鸡的价格接连上涨，我就预感接下来鸡蛋要涨了。因为很多红蛋都去做817种蛋了，鸡蛋会缺。于是我就在10月18日把1月份的空单平了一点。到了双休日，鸡蛋的现货价格连着大涨，直觉告诉我周一鸡蛋期货要大涨。于是周一早上8:55分，我就把5个账户(有3个是别人委托我交易的)的空单以涨停板的价格挂出平仓单，然后在自己的账户还加了多单。果然，当天1912合约高开170个点，2001合约高开100多个点。到那天开盘时，我的套利交易结束，1912合约的单边交易开始，因为我看准鸡蛋期货要涨了。那天开盘，1912合约与2001合约的价差达到300个点，之后一路扩大，最高时达到700多个点，我后来400个点的价差没有拿到，不过拿到了1912合约之后单边的700个点。

问题4：在您交易的账户中，我们看到资金曲线也有几次比较明显的回撤，总结来看，是什么原因造成的？当时的心态怎么样？

陆权：其实我的实际回撤并没有像曲线表现得那样明显。2018年5月份，在苹果交易大幅盈利之后，我就开始不断出金。这样一来，由于总资金减少，亏损就相对变大了，于是回撤就大了。

说来也巧，"成"也苹果，"败"也苹果，我主要的那波亏损是在2019年5月份由于做空苹果导致的。在那次交易中，我也比较偏执，单纯地认为苹果花量大，预期是丰产，就坚决做空。谁知道市场从5月初开始交易高"开秤价"逻辑，苹果的价格一路上涨，于是我就死扛加空。但比较遗憾的是，我在5月下旬去做苹果调研，走的第一个果园长势很不好，就以为减产属实，于是在苹果树下高位砍仓。结果后面走的几个果园的果子却长得很不错，苹果的价格也跌下来了。但是因为前面忍痛割肉，心态受到了一定的影响，就没有追空。最终也就导致了看对方向却亏钱的交易结果。那一次的交易也给了我一个深刻教训，**在强势行情面前，千万不可死扛。**

问题5：我们注意到，您的仓位基本都在50%以上，有不少时间甚至达到90%以上，但大部分中长线交易者的仓位普遍会控制在40%以内。对此，您是如何考虑的？这是否也是造成您账户起伏较大的原因？

陆权：主要是因为我在不断出金，所以看着仓位比较重，但实际上资金量并不大，相当于30%的仓位。

从净值曲线来看，可能确实起伏较大，但如果去看盈利曲线的话，账户的最大回撤还是控制在30%以内的。

问题6：从您账户的品种盈亏及持仓偏好来看，苹果应该是您比较得心应手的一个品种。今年苹果相对丰收，很多交易者认为苹果期货应该会下跌，但近期苹果却出现了一波上涨，您认为其中的主要原因是什么？

陆权：苹果今年5月份的上涨，是交易高"开称价"逻辑（实际证伪）。6—9月的下跌，交易的是丰产价跌逻辑。而现在出现反弹，主要交易的是好果少，仓单成本高的逻辑。

问题7：面对苹果期货的这次上涨，从基本面的角度来看，您认为是否可以择机做空？

陆权：如果反弹到9000以上，肯定可以做空。但往下空间也不是太大，估计也就是在8000~9000左右的一个震荡。

问题8：据我了解，500股指是您目前持仓比例最大的品种，但同时亏损金额也是最高的，您选择着重配置500股指的原因是什么？

陆权：配置500股指其实不算是我个人账户的交易行为，是我们几个小伙伴合伙做的，只是在我的账户中进行交易而已。因为之前大家说好了要一直持有，所以在2018年股灾的时候也没有平仓，最终导致了大幅亏损。

问题9：您的账户涉及40多个品种，您以人工主观的方式同时关注这么多品种，会不会使研究效率降低，甚至导致顾此失彼，错失某些好的投资机会？

陆权：虽然我参与了40多个品种的交易，但是这两年真正重仓出击的品种也就三个，分别是苹果、白银和鸡蛋，其他都是小仓位参与。参与这么多品种主要是为了保持自己对交易的敏感度。

问题10：为什么重点关注苹果、白银、鸡蛋这三个品种？

陆权：应该说是哪个品种的基本面发生了重大变化，且被我识别到，我就重点关注哪个品种。

2018年清明节前后，北方地区突发寒潮，使苹果严重受冻，这一情况使得苹果的基本面直接发生了逆转，将由供应过剩变成供不应求，价格可能大涨。得知这个消息后，我马上就买了机票赶去实地调研，并在确认情况后重仓出击。

关注白银主要是因为贸易战、人民币贬值等事件使得市场避险情绪升温，黄金白银受到了人们的青睐。加上金银比达到历史极值，接近100，所以选择白银作为交易标的。

鸡蛋是因为猪瘟让猪的基本面发生了重大变化，但因为没有生猪期货，所以只能去寻找替代品。不过，因为鸡蛋的季节性变化太大，我一开始也不敢确认鸡蛋的单边走势。在8月20日前后，我发现鸡蛋1912合约与2001合约的价差只差十几个点，存在定价错误，于是先做了一个多1912合约、空2001合约的套利。到了10月15—20日，我发现817的种蛋价格直线上升，我判断有不少红蛋肯定会转为817的种蛋，再加上淘汰鸡价格直线上升，超淘也会发生，估计鸡蛋供应会减少。另外，那几天鸡蛋价格确实连着上升，但盘面价格却涨得很慢，我觉得这又是一个市场错误，于是在10月21日挂涨停板平空单，加多单。

问题11：您觉得今年年底到明年年初有哪些品种或者板块值得关注？

陆权：中证50、沪深300有机会。严格来说，这应该是未来几年的长线机会。因为这两个板块的估值偏低，而且是中国的核心资产，外资会集中买入。至于到年底，可能因为各种核算，资金会比较紧张，不一定会出现单边上涨。

问题12：您从2016年开始参与外盘交易，我们知道外盘相比于内盘品种更加丰富，您主要参与哪些品种的投资？

陆权：主要是澳元、加元的对冲交易。这两个国家都属于资源型国家，走势有一定的联动性，但有时也存在强弱。

问题13：由于高杠杆、低保证金等特点，外盘市场往往都给国内投资者高回报高风险的印象，在您眼中，外盘市场是一个怎样的市场？与国内市场相比最大的区别又在哪里？

陆权：跟国内市场也没有多少区别，杠杆高低主要是看自己使用多少。我一般跟国内期货交易的杠杆一样。

问题14：您当前采用基本面分析与技术面分析相结合的方式指导交易，关于基本面和技术面的互相配合方面，您是怎么处理的？基本面主要看哪些信息？技术面又主要看哪些指标或图形？

陆权：基本面定方向，技术面找进出的点位。基本面主要看供需的矛盾，包括库存、利润、基差。技术面主要看K线的形态。

问题15：有人认为做基本面分析就不应该看技术，也有人认为做技术分析就必须不被基本面信息干扰，您怎么看？

陆权：我在交易中以基本面为主，技术面为辅，当两者表现一致的时候，往往就说明可以重仓交易。而当它们出现矛盾的时候，我们要做的则是去究根掘底，找出原因，此时不能轻易下单。

问题16：您表示最想在市场中抓住基本面、技术面确定性高的机会，您觉得在当前市场，这样的机会多吗？您又是怎样去抓住这样的机会的？

陆权：这样的机会不多，一年也就三两个，能抓住的也就一两个。当价格没有动态反映基本面的时候，就是市场犯错的时候。这种错误必须是巨大的，一眼可见的。市场出错的机会永远存在，因为人性不会改变。

问题17：您也有参与套利交易，大部分人都无法学会有效的套利方法，您能否简单说一说您的套利原理？

陆权：没有什么套利原理，交易的原理都一样，就是有确定性才交易。

问题18：有人说，套利就是两把投机，您认不认同这一观点？为什么？

陆权：我不认同这个观点。哪怕套利的两个品种的单边方向不清楚，但价差仍然存在单边运动的机会，交易的还是确定性。

问题19：您有一套自己的交易系统，请介绍一下这套系统的核心和特点？

陆权：核心就是精研基本面，寻找市场的错误，交易确定性的机会。

问题20：期货市场行情变幻莫测，您认为在未来的行情中，您的这套交易系统是否能继续适应以后的行情？

陆权：肯定适应。因为我的系统解决的是交易的根本性问题。我在市场中寻找的机会是基本面平衡被打破的拐点。所谓拐点，是指基本面发生了重大变化，这个变化必然会导致价格急剧变化，在那一刻介入，肯定会使仓位立刻产生盈利，这是非常确定的，可以重仓交易。

问题21：您虽入行11年，但一直都在兼职交易，您是如何平衡工作与交易之间的关系的？有考虑过专职做交易吗？

陆权：我目前的工作在时间上具有比较大的自主权，所以两者之间还是比较好平衡的。如果以后资金量大了，肯定会考虑专职做交易。

问题22：七禾网也采访过一些兼职交易者，他们表示不能指望期货市场永远有机会，当市场没有机会时，可以去做其他工作赚钱，所以不会选择以交易为生。同样是兼职交易者，您怎么看待这样的观点？

陆权：这个观点我不赞同。**市场永远有机会**。当资金量比较小的时候，有一份足以养家的薪水能使自己的交易更加从容。当资金大到一定程度，薪水已经无足轻重的时候，肯定选择专职交易。

问题23：蓝海密剑实盘大赛至今已经举办了11年，您作为这一赛事的参与者，哪些方面令你印象最深刻？在您看来，这一赛事带给您的最大收获是什么？

陆权：参与这一赛事的选手的水平都比较高，而且这个比赛可以永续参加，在成绩记录上具有连续性，考察的周期也比较长。这个赛事给我最大的收获是使我更自信了，让我肯定自己的交易系统是可行的。

问题24：在比赛中，有人追求靠一场战役"扬名"，也有人只想把蓝海密剑当作一场"马拉松"，您如何看待比赛？

陆权：平常心，不追求一战成名。

问题25：随着期货市场专业性的日渐增强，个人投资者面临的压力和挑战越来越大，很多人表示只有团队协作才有可能会在市场中取得较好的成绩，您怎么看待这种观点？您对未来的交易之路有何规划？

陆权：有团队协作当然是最好的。资金大了之后，肯定要走团队协作之路，最好有一个研发团队。

李英南：期货交易——真正意义上的"一将功成万骨枯"

(2019年11月26日　唐正璐访谈整理)

李英南

东北财经大学硕士，专职交易者。

曾做过股票、权证、外盘等金融投资，拥有12年的期货交易经验。

曾获第八届蓝海密剑中国对冲基金公开赛空军组第三名，大校衔级；第十届蓝海密剑中国对冲基金公开赛晋衔奖，大校衔级；第十一届蓝海密剑中国对冲基金公开赛集团军组第一名，晋衔将级；和讯网第六届创世纪期货大赛，收益金额第四名。

精彩观点：

期货交易，是真正意义上的"一将功成万骨枯"，选择了职业投机就是选择了孤独，交易永远都是修炼场，某种意义上说是离生命本源最近的行业，人性的一切弱点在这里均会暴露无遗，要追求卓越就注定与孤独和自省相伴，一边摸索一边修行，半似僧侣半似杀手。投机之帆的航行不逊于刀剑生涯，航程的归宿不是到达彼岸就是沉入海底。

投机者的天堂在地狱的尽头。

期货交易不同于体力劳动，也不同于一般的脑力劳动，是一种以心理承受度为主的劳动。

基本面和技术面各有优缺，都有着对方无法取代的优势和致命缺陷，需要对方的理论来弥补，两者相结合：基本面选品种方向，技术面精确操作切入点，可以有效地提高分析判断的成功率，有助于抓住大行情。

投机这一行，看得到和做得到还差着很遥远的距离。

市场里可以鉴定成功的唯一标准就是盈利与否。

每一次大盈利之前都会伴随着为了突破操作瓶颈而产生的失败，可以说大亏损是我进阶过程中不可避免的一环。

一个操作者最终能在市场里拿走多少，一定取决于他对市场认知的维度和自身的境界。

交易更像是一半科学和一半艺术的结合体，资金管理更是一种分寸和火候的掌握。成功的操作＝良好的心态控制＋正确的资金管理＋过硬的技术功力。

交易是没有绝对的法门的，千人千论，关键要适合自己。

自控力就是要用理性战胜天性，成熟的盘手在下单那一刻是不存在情绪的，要置身是非得失之中，脱身是非得失之外，红灯停，绿灯行。

不管是手动交易还是程序化交易，只要是有着正期望值的交易系统就是一个好系统。

中国下一轮经济引擎是与科技创新、5G、区块链、人工智能题材等有关的新兴科技领域，这些领域会相对更有前景，未来可以关注科创板。

投机市场的游戏规则是把多数羊的肉填到少数狼的嘴里，心理成本很高，会抬升幸福感的阈值，要"生存"下去，就要对市场和自己都有足够清醒的认识，交易永远是一只眼盯着市场，另一只眼反视自己，校正自己和观察市场同等重要。

比起学习成功者的经验，我更建议反观投资者失败的教训，成功是无法复制的，而用别人的教训时刻警醒自己要比亲身去经历代价小得多。

问题1：李英南女士您好，感谢您在百忙之中与东航金融、七禾网进行对话。我们都知道，在金融市场中，女性交易员的比例相对男性要少很多。您当初是出于什么原因进入期货市场的？

李英南：感谢东航金融与七禾网的认可和邀约！

进入期货市场之前先是接触了外汇和股票，2006年底的时候开始炒股票，做了一年多以后，觉得未来金融衍生品、期货在国内应该有一个高速的发展和经济扩容期（当时期货上市品种有11个，现在68个期货期权品种），为了多了解学习就开了期货账户，从而正式进入期货市场。

问题2：有女性交易员表示，在这个市场中，女性交易员要想做出漂亮的业绩需要比男性交易员承受和克服更多的因素，对于这样的观点，您怎么看？

李英南：女性从生理结构和心理结构上来说会更容易情绪化一些，大部分女性的思维方式偏感性一些，从这个角度来说就是交易中需要多克服的因素。

问题3：您对期货市场的理解是"与天争锋，改天逆命，悲喜自渡的行当"，这句话该如何解读？

李英南：期货交易，是真正意义上的"一将功成万骨枯"，选择了职业投机就是选择了孤独，交易永远都是修炼场，某种意义上说是离生命本源最近的行业，人性的一切弱点在这里均会暴露无遗，要追求卓越就注定与孤独和自省相伴，一边摸索一边修行，半似僧侣半似杀手。投机之帆的航行不逊于刀剑生涯，航程的归宿不是到达彼岸就是沉入海底。

在很长久的一段交易岁月里，我都缺乏稳定的生活状态，随时都准备面临着一种一无所有的黑暗与匮乏，于无数的迷茫和困顿中苦苦上下而求索，一路荆棘，如履薄冰，其中的酸甜苦辣外人也很难感同身受，可以说**投机者**

的天堂在地狱的尽头吧。

问题 4：很多人想到期市"改天逆命"，然而都失败了，甚至有人"一夜赤贫"。在您看来，什么样的人适合到这个市场里"改天逆命"，同时又如何避免"一夜赤贫"？

李英南：首先，最好是性格秉性能够契合市场，要耐得住寂寞，守得住繁华。

其次，要有一定的洞察力和学习能力，市场中充满复杂、繁冗的信息，很多信息和数据都需要经过有效分析和推导才能得出有用的结论，比如汇市、债市、股市、商品等不同市场之间的关联，不同板块间、产业结构间、政策决策、合约期现的价差矛盾，各种技术指标等等。

另外，还需要操作者有稳定心态、心境的定力，人的本能有时是一种障碍，情绪因素会对交易有大的干扰，波动瞬间的悲喜是对人心理承受能力的巨大考验，需要日复一日地克制情绪波动。**期货交易不同于体力劳动，也不同于一般的脑力劳动，是一种以心理承受度为主的劳动**。

问题 5：在期货市场中，您最想赚"能力范围内"的钱？您怎么界定自己的能力范围？

李英南：只去把握自己能够把握的，捕捉赢面概率大的机会，做更擅长自己手法的操作，量力而行，确保每一笔单子都符合自己视角下的交易逻辑和理念。

问题 6：您擅长中长线趋势及波段交易，在您的概念中，"趋势"是什么？您如何定义中长线趋势交易，如何定义波段交易？

李英南：技术上，趋势＝趋＋势。趋，阻力最小的方向。势，K 线上两个以上的高低点的依次降低或抬高（类似道氏理论中的定义），要一方的方向动力更大并能维持下去。

中长线趋势交易，前提一定是某品种供需关系产生了矛盾，打破了之前的平衡，只有通过价格的重新定位才能完成量变到质变的过程。理清其中的因果关系后，我会集中兵力进入潜在的行情，一旦单边展开，一波中长线通常最少会持续 3 周以上的时间。

嵌套在中长线趋势中的每一个波峰和波谷之间的行情就是其中的波段。

问题7：您采用的是技术分析和基本面分析相结合的方式，就您看来，两者相结合的优点有哪些？在您的技术分析体系中，哪些是关键，图形、量价、指标？基本面分析又主要关注哪些信息？

李英南：基本面和技术面各有优缺，都有着对方无法取代的优势和致命缺陷，需要对方的理论来弥补，两者相结合，基本面选品种方向，技术面精确操作切入点，可以有效地提高分析判断的成功率，有助于抓住大行情。

在我的技术分析体系中，盘中看得最多的是所关注品种的报价，也就是盘口，观测当下的资金力度和方向，所用K线指标主要为均线、MACD、布林线，盘后看看量价、运行空间、变化速率、持仓排名等。

关于基本面，宏观上最大的基本面就是货币，这是由现代社会的高度资本化程度所决定的，我每年会对全球经济形势做个大的预判，评估整个市场和市场趋势，向内推导国内的商品形势，进而挖掘合适的交易板块、筛选操作品种。微观上分析品种的基本经济数据，如政策、库存、升贴水、研报等。

问题8：在品种选择上，您的依据是什么？假设一个品种基本面上可入场做多，而技术面呈下跌趋势，这样的品种您会入场交易吗？还是要等到基本面和技术面相吻合才会入场？

李英南：在合约的选择上，要看过去数月是否发生过单边行情，如果没有发生过较大的单边行情，那么接下来的每一次突破都会更加逼近单边行情。

什么时候看基本面，什么时候看图表是门艺术，看盘的目的是确定如何交易和何时交易，将主观建立在客观基础上，达到与市场共融的状态，操作是和视角有关的，操作是次要的，视角才是关键。如果基本面看多，技术大周期也是多，小周期下跌反而是操作点。如果基本面看多，技术大周期却看空，那需要重新评估自己在战略上是否出现了大的逻辑错误。

问题9：有的投资者表示，品种选择大于努力，品种选择很大程度上决定了最终的投资业绩。对于这样的观点，您是否认同？

李英南：基本认同，品种的选择和方向很重要。是否能决定最终的业绩，中间还有很多战略战术上的安排，毕竟投机这一行，看得到和做得到其实还差着很遥远的距离。

问题10：在您看来，近期有哪些品种可能会出现比较好的交易机会以及需要注意哪些投资风险？

李英南：油脂类、软商类和橡胶可以关注一下，农产品主要防范的风险还是在中美贸易战上，要留意对关税的协商政策是否有反复。

问题11：现在期货行业里流行"调研热"，您怎么看待这种现象？是否有参与？

李英南：一直以来都是个人独立操作，没有分析师，没有团队，时间和精力都不太允许跟踪品种调研，相关的材料数据均从网络上获得，以后有机会的话可以尝试实地调研，或许对品种考察后会激发更深的感悟。

问题12：如今各种大赛层出不穷，就您看来，普通投资者是否需要用大赛历练自己、证明自己？还是踏踏实实自己做更好一些？

李英南：大赛可以对操作水平做一个有效的鉴定，**市场里可以鉴定成功的唯一标准就是盈利与否**。功夫练得差不多了可以上台切磋一下技艺。

问题13：您曾多次参加蓝海密剑的实盘大赛，也取得了非常优秀的成绩，请问您在赛事中收获了什么？

李英南：对于蓝海密剑期货实盘赛，我认为，首先，竞赛规则的设定非常科学，名次的确定方法及资金量组别的划分和规则的算法也很专业，比如频繁的出入金不会影响到权益净值曲线的失真。其次，每一届赛期贯穿全年，由于是连续赛制，选手可以通过比赛查看到每年的盈亏比、仓位、年度月度收益率、回撤率等数据情况。

蓝海密剑也是我个人在国内期货实盘赛中非常尊重的一项赛事。通过大赛，可以让我对自己的操作水准有相对客观的认识，并且也认识了一些非常优秀的参赛者，是个很好的学习交流平台，希望大赛越办越好。

问题14：您的参赛账户"以梦为码"在2019年的6月中旬到7月中旬，出现了一波较大回撤，请问造成这波回撤的原因是什么？

李英南：其实这种幅度的回撤在我的交易生涯中很常见，为了追求资金短期的爆发力，我通常会把账户杠杆放到最大，自己的赌性也很重，几乎不对冲风险敞口，权益曲线偶有跌宕起伏，也造就了我这种大开大合的手法。

问题15： 您有多次大赚大亏的经历，在一次次的大赚大亏中，您总结了哪些经验教训？

李英南： 每一次大盈利之前都会伴随着为了突破操作瓶颈而产生的失败，可以说大的亏损是我进阶过程中不可避免的一环。就像游戏冲关一样，每上一级我都觉得自己突破了过去的瓶颈，又看到了高一阶的风景，我相信一个操作者最终能在市场里拿走多少，一定取决于他对市场认知的维度和自身的境界。

问题16： 谈到大赚大亏，就不得不提资金管理，在资金管理上，您是怎么做的？

李英南： 交易更像是一半科学和一半艺术的结合体，资金管理更是一种分寸和火候的掌握。成功的操作＝良好的心态控制＋正确的资金管理＋过硬的技术功力。

账户资金通常分三块：

一为实验性资金，占30%～40%的比例；

二为追击性资金，占20%首次追击＋15%再次追击；

三为救援性资金，占25%～35%的比例。

我的交易和生活是分开的，交易是交易，生活是生活，操作的好坏与否都不应该影响到正常的生活，赚了亏了，生活该怎么过还怎么过。

问题17： 在仓位设置上，您又是如何做的？如果一笔单子盈利了，您是否会加仓？

李英南： 仓位上一般会一次性建好仓，重势不重价，追求开仓后快速脱离成本区，强劲的趋势下，会在回调过程中加码持仓。也会根据走势，灵活变通调整仓位，使头寸更接近盈利的方向，就像战争的不同阶段要调整不同战术布阵一样。

问题18： 不少投资者认为，合理的止盈、止损是实现稳定盈利的前提，您如何设置止盈和止损？

李英南： 技术上，我对止损的处理采用动态止损法，随着点位的变化，会不断优化止损的位置以符合当前的最新价格。战略层面，要看进场的逻辑发没发生改变，如果没变化，适度逆势的单子不止损，会加码扛单。

关于止盈，客观事实是，任何行情都不可能把单子做到利润最大化。在行情结束的临界点，盘感会最先感知资金流动的变化，如果潜在层面也有转势的因素或者当前点位跟入场点的逻辑已经不符合，基本就是止盈的操作点了。

交易是没有绝对的法门的，千人千论，关键要适合自己。

问题 19：您是手动交易者，您认为手工交易的优势与劣势分别是什么？同时，手工交易需要非常强大的执行力和自控力，在交易中，您是如何表现您的执行力和自控力的？

李英南：手动下单难在要体现知行合一，不受行情波动影响。

执行上，开仓要稳准狠，离场要快，手起刀落。自控力就是要用理性战胜天性，成熟的盘手在下单那一刻是不存在情绪的，要置身是非得失之中，脱身是非得失之外，红灯停，绿灯行。

问题 20：在程序化盛行的时代，您是否想过转为程序化交易？

李英南：一方面，程序化交易涉及我不擅长的编程领域，另外一方面，我也在逐年降低自己的交易频次和交易品种，今年内盘也只做了两波行情，所以，目前也就没有程序化交易的考虑。不管是手动交易还是程序化交易，**只要是有着正期望值的交易系统就是一个好系统。** 在量化领域，个人比较喜欢詹姆斯·西蒙斯。

问题 21：您也曾做过外盘和股票，目前这两者还在交易吗？若有，外盘上您主要做哪些品种？股票上您比较看好哪些板块？

李英南：外盘在交易，A股在 2015 年 6 月平掉创业板股票后没有再介入过。

外盘主要操作道琼斯、标普指数、美原油、美糖、美棉，也曾做过新加坡 TSR20、日胶、比特币。

A股上每一轮牛市主导的因素都不一样，需要捋顺市场的主要引导逻辑，做股票要有高屋建瓴式的思维模式，不能太纠结于个股的细枝末节。比如 2007 年那一波牛市行情中走势最好的是主板的资源类股票，而 2015 年的一波牛市就是"互联网+"引导的，所以创业板走势就最好。**中国下一轮经济引擎**

是与科技创新、5G、区块链、人工智能题材等有关的新兴科技领域，这些领域会相对更有前景，未来可以关注科创板。

问题22：您做了12年的期货交易，回顾自己期货交易之路，您觉得可以分为哪些阶段？有什么感悟？

李英南：分四个阶段。

第一阶段：2007—2013年，技术成长期。操作上以金属为主，主要做铜，期间赢赢亏亏，爆仓三次。这个阶段研究了市面上可以见到的各种各样的交易理论，图表上可以找出来的所有技术指标，夜以继日，孜孜不倦，那几年自己还是下了不少功夫的，对期货证券的技术层面还是研究得比较透彻的，可以说现在的技术功底应该就是那几年积淀下来的。

第二阶段：2014—2015年，成熟期。操作上以股指为主，做了一波多，2015年6月平多反手开空直到监管限仓。股指的行情波动大，杂波少，采用了中线隔夜单加日内短波段交叉式的手法，内盘的操作巅峰时期就是这个阶段。

第三阶段：2016—2017年，瓶颈期。操作上以黑色系为主，主做焦炭。2017年资金大幅度回撤，亏损严重，相当于奋斗十年到了"罗马"又被遣返回去了，好在信心没有丧失。

第四个阶段：2018—2019年，进阶期。2018年做棉花和焦炭起死回生，今年中线操作了原油和橡胶。

每个阶段对我来说都是一种收获和成长，包括大亏，我认为这是职业交易员的必经之路。

问题23：随着市场成熟度和专业度的提高，不少投资者朋友都表示交易越做越难，您作为一名老交易员，觉得如今的市场交易难度加大了吗？面对越来越专业和成熟的市场，个人投资者该如何"生存"？

李英南：由于国内金融衍生品市场机制越来越完善，期货市场成熟度逐渐变高，无形中对市场交易者的操作水准有了更高的要求，从这个角度来看，投资者的淘汰速率在变快，但是市场的本质没有变，只是同台竞技者的水平在逐年提升。

投机市场的游戏规则是把多数羊的肉填到少数狼的嘴里，心理成本很高，会抬升幸福感的阈值，要"生存"下去，就要对市场和自己都有足够清醒的认识，交易永远是一只眼盯着市场，另一只眼反视自己，校正自己和观察市场同等重要。比起学习成功者的经验，我更建议反观投资者失败的教训；成功是无法复制的，而用别人的教训时刻警醒自己要比亲身去经历代价小得多。

要学会用多元化思维来思考市场波动，懂得恰如其分地使用工具，形成一套行之有效的个人交易系统，毕竟自己铸的剑用起来才更顺手。

问题 24：请您谈谈未来的投资规划和愿景，是否会往资管的方向发展？

李英南：未来一段时间操作重心会逐渐转移到外盘。

不会考虑往资管方向发展，期货对我而言，更多的是发自骨子里对交易本身的热爱。

最后，祝广大期友投资路上永远心生光明，手中有剑，心中有爱！

王琦：专注量化交易，不想做"明星"，只想做"寿星"

(2019年12月12日 刘文强访谈整理)

王琦

41岁，西安人，职业交易者，拥有10年期货交易经验，交易策略以日内短线、波段为主，中长线为辅，并有少量的套利策略，全部采用程序化交易。近三年，每年的投资收益都超过25%，在第十届蓝海密剑中国对冲基金公开赛中获得晋衔奖，夺得"大校"军衔。

精彩观点：

期货行业和其他行业最大的区别是更考验人性，人性的贪婪和恐惧在市场里表现得淋漓尽致，这是做交易亏损的根源。

其他行业都是正向激励，期货市场不是，在其他行业做对事情了，我们会得到奖励得到回报，而期货不一定。

期货交易最大的魅力是风险可控。

要想业绩稳定，必须品种要分散，策略要分散，策略风格要有多样性。

（遇到最大的困难是学习编程，由于没有基础）只能自己一点点死磕，从简单的 TB 开拓者，到 Python，从能看懂代码到可以修改代码，到最后自己可以独立写一些中等复杂的代码，只要我想干一件事情就没有干不成的。

建议初学者从第三方平台的编程学起就可以了，毕竟我们是交易员不是程序员，在交易实践中逐步加深对市场的理解，逐步完善自己的交易策略。

（主观交易）往往是靠着对一个品种的熟悉程度，为几个少量的品种量身定制交易系统。而程序化交易者更多考虑的是普适性，多品种、多策略、多周期、多风格互相组合。

主观交易更适合中长线，或者对某个品种的产业、基本面、技术面都非常熟悉的投资者来做。如果不具备这些条件，我觉得做主观交易大概率会亏钱，不妨试试程序化交易。

我们把品种分为四档，波动率最高的黑色系品种，权重肯定是最高的。这两年 PTA 等化工品种的波动率也上来了，也放到第一档权重的范围内。至于回测结果较差的一些品种，比如除了镍之外的有色金属板块，权重基本都很低。

一个新品种上市，我们首先观察它的活跃度，然后再看波动率和走势连续度。

我们的投资风格属于风险厌恶型，短线策略配置的比较多，所以回撤较小。其他策略都是辅助性的，主要作用是平滑资金曲线。

我们的策略比较看重平均利润这个指标，虽然属于短线交易，但是策略是看准才出击。并且，一般情况下开仓都采取挂单形式，要么不成交，成交就没有滑点。

我们看重的是策略和参数的普适性，调整过于频繁的话，有可能太贴合近期的行情，长期表现反而来回打脸。

期货交易本来就是负和游戏，参与其中要付出手续费成本，市场中的聪明钱也越来越多，赚钱会越来越难。

想要赚趋势行情的钱，首先要明确自己的策略适合什么样的行情，在自己的策略周期所定义的震荡行情中，做到尽可能地规避震荡而又不错失趋势。

我们的策略有很多种过滤方法，可以尽可能地过滤掉震荡行情的影响。也有适合震荡行情的策略和套利对冲的策略，在趋势策略因为震荡行情亏损的情况下，这两个策略相对可以弥补一些亏损。

期货策略方面还有很多新的方向等待我们去开发和探索，我们的目标是先把期货策略做好做精，然后也会考虑研发一些期权策略，毕竟都是属于衍生品范畴。

交易考验的是耐力而不是爆发力。

蓝海密剑的高手比较多，参加大赛的初衷是想和其他的高手对比一下，看看自己处于什么样的水平。

交易是个长跑，考验的是耐力，我们需要跟市场的高手互相鼓励、互相交流、互相竞争，蓝海密剑在这方面的资源应该比较丰富。

问题1：王琦先生您好，感谢您在百忙之中与七禾网、东航金融进行深入对话。您以前是做销售工作的，那么是在怎样的机缘巧合下进入期货市场的呢？经职业的转变，您觉得期货行业与其他行业相比有何区别？最大的魅力是什么？

王琦：一开始受家人影响做股票，后来朋友说股票赚钱太慢，期货赚钱快，大概在2009年左右开始主观做期货，发现期货不是赚钱快，而是亏钱快，也是在2009年接触到程序化交易，那时候用文华做。我在2011年时实盘交易了一年橡胶，收益30%左右，但是回撤也达到了30%以上，风险收益比太低，不过我找回了信心，于是逐渐放弃主业，在2015年初开始专职做程序化。期货行业和其他行业最大的区别是更考验人性，人性的贪婪和恐惧在市场里表现的淋漓尽致,这是做交易亏损的根源。另外其他行业都是正向激励,期货市场不是,在其他行业做对事情了,我们会得到奖励得到回报,而期货不一定。比如止损以后,价格又按照原来的方向走,做了正确的事情却造成了亏损。止损带来了损失,但是止损是正确行为,这是我觉得和其他行业最大区别。

期货交易最大的魅力是风险可控。很多人一提期货就谈虎色变,认为风险极大,对于不懂期货的人确实这样。毕竟,期货自带十倍左右杠杆,如果方法不正确,亏钱的速度非常快。但是,专业的交易者拥有资金管理和风险管理手段,通过限制整体最大仓位、限制单品种最大持仓、限制每日最大亏损等方法,可以使期货交易的风险小很多。相比做普通的生意失败后可能亏掉所有本金,用正确的方法做期货交易,风险收益比相对非常高了。

问题2:期货市场的淘汰率较高,市场的风格进化较快,但最近三年,您每年的投资收益都超过25%(2016年约40%,2017年约30%,2018年约25%),最大回撤低于8%,业绩非常稳健。就您看来,能做到这种成绩主要是在哪方面做得较好,有何秘诀?

王琦:要想业绩稳定,必须品种要分散,策略要分散,策略风格要有多样性。我们短线趋势、中线趋势、套利对冲、震荡反转策略都有,策略之间的相关系数较低,并且涵盖了可以交易的四十多个可交易的活跃品种。

问题3:您以前是做主观交易的,程序化交易是半路出家,从业绩来看,转型还算比较成功。那么是因为什么让你决定从主观交易转为程序化交易?这个过程中,遇到的最大困难是什么?如何解决的?

王琦:其实我不能叫转型,而是从头开始,因为原来的主观交易对我后期的程序化交易没有任何的帮助。

遇到的最大困难肯定是编程方面的问题,毕竟原来没有接触过编程,但是这个坎必须得过,只能自己一点点死磕,从简单的TB开拓者,到Python,从能看懂代码到可以修改代码,到最后自己可以独立写一些中等复杂的代码,只要我想干一件事情就没有干不成的。

问题4:七禾网的很多投资者朋友向我们反馈,他们也想从主观交易转为程序化交易，但存在没有编程基础，学习门槛过高的顾虑，您觉得学习编程的门槛高不高？学习了多长时间？有哪些学习经验可以跟投资者分享？

王琦：刚开始学编程可以从简单的入手，比如 TB 开拓者、金字塔、文华等第三方平台，有精力的话再学其他语言。我学 TB 开拓者大概花费不到一个月就可以写一些不是特别复杂的代码，建议初学者从第三方平台的编程学起就可以了，毕竟我们是交易员不是程序员，在交易实践中逐步加深对市场的理解，逐步完善自己的交易策略。如果还有精力的话可以继续学一些其他语言，或者找个技术大牛一起组成团队。

问题5：您认为主观交易的经验对程序化交易帮助不大，很多时候需要从另外的维度去理解。这种维度的区别具体体现在哪些方面？

王琦：我指的是我主观交易的经验对程序化交易帮助不大，不代表其他一些主观交易做得好的交易者。我的主观交易做得实在太烂，没有什么章法。很多做主观交易的投资者，也包括我在内，更多的是在靠盘感交易，做少量的几个品种；如果做的品种太多，人的反应跟不上；往往是靠着对一个品种的熟悉程度，为几个少量的品种量身定制交易系统。而程序化交易者更多考虑的是普适性，多品种、多策略、多周期、多风格互相组合。

问题6：主观交易和程序化交易您都做过，就您看来，两种交易方式分别适合哪种类型的投资者？

王琦：我觉得主观交易更适合中长线，或者对某个品种的产业、基本面、技术面都非常熟悉的投资者来做。如果不具备这些条件，我觉得做主观大概率会亏钱，不妨试试程序化交易。

问题7：您的交易策略不限定某几个品种，那么在具体品种选择上有什么讲究？是根据策略的回测数据，还是活跃的品种都可以交易？

王琦：我们的策略中，活跃的品种都会进行交易，但会根据回测结果对品种进行分档，根据不同档位分配不同的权重。

我们把品种分为四档，波动率最高的黑色系品种，权重肯定是最高的。这两年 PTA 等化工品种的波动率也上来了，也放到第一档权重的范围内。至于回测结果较差的一些品种，比如除了镍之外的有色金属板块，权重基本都很低。

问题8:对于不同的期货品种,仓位和资金是如何分配的?今年铁矿石、白银、镍、PVC、棕榈油等品种的行情波动很大,您有没有重点配置这些品种?

王琦:先剔除不活跃品种,根据回测数据把品种分为四档,第一档权重最高,最后一档权重最低。今年的铁矿、镍都重点配置了,白银、PVC、棕榈油则因为历史回测数据表现不佳,我们判断只是短暂的高波动率,所以没有增加配置权重。

问题9:近些年来,期货品种上市的速度明显加快,去年的原油、燃料油、纸浆,今年的乙二醇、粳米、苯乙烯、不锈钢、尿素、20号胶,纯碱也在12月6号正式上市。您是否会考虑对这些新品种进行策略配置?为什么?

王琦:原油、燃料油、纸浆、乙二醇这几个品种持仓量和成交量比较大,波动率也比较高,符合我们选取品种的依据,已经交易一段时间了。但其中有些品种还不活跃,从上市开始走势不连续,或者波动率不大,我们仍需要继续观察。

一个新品种上市,我们首先观察它的活跃度,然后再看波动率和走势连续度。从它上市开始,我们就收集计算行情数据所需要的技术指标。技术指标收集完成后,如果活跃度、波动率和连续度都符合要求,就作为权重最大的品种进行配置,不需要看回测数据,当然也没有回测数据可以参考。如果连续度没有达到标准,而活跃度和波动率达到标准,也会适当地参与,但不作为重点配置。

问题10:您的交易策略以日内短线、波段为主,中长线为辅,也有少量的套利策略。能否对这些策略具体介绍一下?各个策略有何特点,如何搭配使用?

王琦:短线策略止损小,快进快出,过滤严格,轻易不出手;中长线以抓住大波段为主,让利润尽情地奔跑,轻易不出场;套利策略以板块之间有相关性的品种进行两两配对,做价差的趋势和回归。

我们的投资风格属于风险厌恶型,短线策略配置的比较多,所以回撤较小。其他策略都是辅助性的,主要作用是平滑资金曲线。

问题 11:短线交易在资金量方面容易受到制约,您的交易系统一般可以承载多少资金量?您在交易过程中有没有遇到其他制约,是如何克服的?

王琦:目前整个交易系统大约可以容纳 2-3 个亿左右的资金,暂时没有遇到制约。

问题 12:程序化交易中滑点是一大难题,尤其对短线交易的影响更为明显。您觉得滑点对您的交易影响大吗?有没有什么办法减小滑点的影响?

王琦:影响不大。我们的策略比较看重平均利润这个指标,虽然属于短线交易,但是策略是看准才出击。并且,一般情况下开仓都采取挂单形式,要么不成交,成交就没有滑点。当然,平仓时候会存在一些滑点,但影响不大。

问题 13:有些程序化交易者会定期调整策略和参数,您是否会根据行情或者策略的表现,定期调整或更换策略?

王琦:一般半年或者一年左右调整一次参数。我们看重的是策略和参数的普适性,调整过于频繁的话,有可能太贴合近期的行情,长期表现反而来回打脸。策略的更新和更换就没有具体的时间节点了,一般有好的思路了就去回测一下,然后对比以前的策略,看回测绩效有没有提高,如果绩效有显著的提高,那么立刻更新策略。

问题 14:您的资金曲线非常稳健,几乎没有出现过大赚大亏,想必在风险控制方面有独特的经验,请分享一下。

王琦:首先仓位比较低,股指锁仓占用的保证金不计算在内的话,最大仓位在 20%左右,还有一点是从来不重仓某一个品种,尽量做到分散投资。

问题 15:随着市场专业程度的提高,很多程序化投资者觉得做起来越来越难,您是否有这种感觉?其中主要的原因是什么?

王琦:这种感觉比较明显。期货交易本来就是负和游戏,参与其中要付出手续费成本,市场中的聪明钱也越来越多,赚钱会越来越难。

问题 16:您表示想赚价格趋势的钱。在您的理解中,怎么样的行情算趋势行情?又如何赚价格趋势的钱?

王琦：赚趋势的钱，首先要知道如何定义趋势，短周期、中周期、长周期策略对趋势的定义是不同的。比如一段行情，从长周期来看是震荡，而对于中周期、短周期来说，可能已经构成趋势了。

想要赚趋势行情的钱，首先要明确自己的策略适合什么样的行情，在自己的策略周期所定义的震荡行情中，做到尽可能规避震荡而又不错失趋势，这是一个永远需要不停考虑下去的问题。

问题 17：在实际中，趋势行情只占少数，而大部分时间都是震荡。请问在震荡行情中，有什么应对方法？

王琦：我们的策略有很多种过滤方法，可以尽可能地过滤掉震荡行情影响。比如，幅度过滤、时间过滤、跨周期方向过滤等。当然，我们也有适合震荡行情的策略和套利对冲的策略，在趋势策略因为震荡行情亏损的情况下，这两个策略相对可以弥补一些亏损。

问题 18：交易并不是一帆风顺的，想必您的策略也出现过运行效果不佳，连续亏损的状况，这是否会对您的心态造成影响？您是如何调整的？

王琦：连续亏损的时候，首先要分析是市场原因还是策略原因，如果是市场处于震荡行情，那么趋势策略不可能赚钱，这时候心态要保持相对好一点，通过散散步，运动一下来缓解压力。如果是策略的原因造成亏损，那就要认真进行分析和总结了。

问题 19：近一两年实地调研非常流行，有人用基本面选品种、定方向，程序化做执行的交易方式也取得了不错的成绩。对于这样的交易方式您怎么看？后期您是否也会尝试类似的交易方法？

王琦：我们也在尝试做一些基本面定方向的策略，比较认可这样的研究方向，通过基本面定方向，可以提高策略的胜率，继而提升整体的绩效。

问题 20：您从 1999 年就开始接触股票，算是比较早的一批股民，近半年来 A 股一直在低位盘整，但有人认为 A 股已经进入慢牛市，您是怎么看的？

王琦：对股市我们没有研究，原来也仅仅是受家里影响，纯粹是瞎玩，业余水平都谈不上。闻道有先后，术业有专攻。作为一个小团队，人员、精力都有限，我们还是希望在期货上能做得更好。

问题 21：近日，证监会一次性审批通过 PTA、甲醇、菜籽粕、铁矿石和黄金期权上市，我国期权品种迎来大扩容，期权也越来越受到投资者关注，您对期权有多少了解？未来会考虑研发期权相关策略吗？

王琦：期权我们学习过一段时间，也都开了期权户，但是目前还没有研发期权策略的计划。期货策略方面还有很多新的方向等待我们去开发和探索，我们的目标是先把期货策略做好做精，然后也会考虑研发一些期权策略，毕竟都是属于衍生品范畴。

问题 22：您是西安人，我们每次去西部做投资者交流会时，都有人向我们反馈西部投资活动少，缺少交流机会，您是否参加过交流活动，也有这种感觉吗？在工作之余又有哪些兴趣爱好？

王琦：确实是这样，西部的交易环境没有发达地区那么好，平时想参与线下交流很难，相关的高质量交流会也特别少。如果有高质量的交流活动，我们非常愿意参与。

工作之余也就是运动一下，打打球，健健身，水平不高，为了出出汗，放松身心而已。

问题 23：如今各种大赛层出不穷，就您看来，普通投资者是否需要通过大赛历练自己，或者踏踏实实自己做更好？

王琦：我觉得普通投资者首先要对自己有个定位，看自己的定位是否和大赛的风格匹配。如果大赛仅仅以收益率一个指标作为排名的话，那么像我们这样的投资风格永远得不到名次。所以，我们大赛参与的并不多，认为交易考验的是耐力而不是爆发力。

问题 24：您多次参加蓝海密剑大赛，取得了不错的成绩，请问您报名参加大赛的初衷是什么？又有何收获？在您看来，参加实盘大赛对投资者而言有什么好处？

王琦：蓝海密剑的高手比较多，参加大赛的初衷是想和其他的高手对比一下，看看自己处于什么样的水平。一般在遇到市场长期震荡，资金曲线长期走低的情况下，会和其他高手对比一下，看到底是自己出了问题，还是行情问题。

问题 25：您未来仍然会继续参赛吗？对蓝海密剑大赛有哪些建议和期望？

王琦：未来会继续参赛，希望蓝海密剑多组织一些高手交流活动。交易是个长跑，考验的是耐力，我们需要跟市场的高手互相鼓励、互相交流、互相竞争，蓝海密剑在这方面的资源应该比较丰富。

问题 26：您的交易团队由哪些人组成，您在团队中扮演什么样的角色？成员之间如何进行分工合作？

王琦：目前团队有两个人，另外一个伙伴的计算机能力比较强，实盘代码基本由他来完成，策略方面则是一起研发，一起讨论。

问题 27：请谈谈您个人未来的投资规划，以及团队的发展愿景和规划。

王琦：未来团队希望在期货期权方面做出绩效更加稳定、风格更加丰富、对冲效果更好的策略。

张毅：进入这个市场，我就是来投机的！

（2019年12月17日　李烨访谈整理）

张毅

江苏南通人，现居南京。进入期货市场10年，做日内短线，以技术分析为主，纯手工交易。目前专做黑色系。

精彩观点：

这个市场好比没有硝烟的战场，残酷无情，可即使这样我还是喜欢它。

大家不要盲目地猜测底部或顶部，这些都是行情走出来以后才知道的。我们要做的就是等待行情出现，然后顺势买入或卖出。当然，这些都要建立在设好止损并严格执行的基础上。

当行情在一个价位徘徊了一段时间上不去，我就做空，反之则做多。

以前我以做焦炭、焦煤为主，现在是铁矿石，更具投机的空间。

目前来说，大幅减产不大可能，而我更不愿意看到再次发生之前的惨剧，毕竟那是以生命为代价的，所以我并不看好铁矿石后期能突破前期高点。

我一直在关注黑色系，我认为它仍然会有好的机会。我个人还是比较看好螺纹和铁矿石。

在反转行情出现前，一般都会有一个急拉或者急跌的先奏，而且不回头。

行情启动之时肯定会有量的配合，如果判断正确，可以去守单。一波行情结束之时，也会有放量的情况出现，这时候我一般会选择离场，而不是继续追击。

在真突破出现时，必须是点数与量同时放大，如果突破得不多就回头了，那就要小心了。

所谓把握性大的时候，就是当天行情有个明显的趋势，比如整个黑色系连成一体，同涨同跌，外在的消息面也配合，我会选择重仓操作，仓位至少八成以上。

别拿钱开玩笑，赌一把的心理不适合这个市场。

既然选择了做日内交易，我就一直盯着盘面看。

进入这个市场，我就是来投机的。

我希望能通过大赛，让我们了解到那些强者是如何成功的，让小散们赚到他们心中期望的生活费。

问题1：张毅先生您好，感谢您在百忙之中与七禾网、东航金融进行深入对话。我们知道，期货市场中不乏短时间内暴富的投资者，也正因为如此，很多人被吸引进来，您当时是抱着何种心态进入期货市场的？又为何会对其产生强烈的兴趣？

张毅：当初也是在朋友的介绍下知道了期货，后来我去了解了一下发现还不错，想着可以赚点生活费，就抱着试试看的心态进入了期货市场。

这个市场好比没有硝烟的战场，残酷无情，不是你死就是我活，可即使这样我还是喜欢它。我们去打工，要看老板脸色；做生意，有着无休止的三角债，都很累。尽管这个市场很冷血，但也有它独特的一面，机遇与挑战并存，我算是一个激进的人，所以坚持了下来。

问题2： 您表示想在期货市场中赚点生活费，但很多人往往是把自己的生活费倒贴给市场，您觉得我们应该如何在市场上获取并守住这笔"生活费"？

张毅： 这就是操作的问题。期货市场的失败率本来就很高，顺势而为，盈利的可能性会变得更大些。在交易的过程中，大家不要盲目地猜测底部或顶部，这些都是行情走出来以后才知道的。

问题3： 您表示在期货交易中要顺势而为，那么，在一波行情来临之前，我们该怎样识别趋势？怎么顺势？

张毅： 在一波行情来临之前，所有的一切都只能算是预判，既然是预判，也就只有等行情出来以后才能知道是否正确。我们要做的就是等待行情出现，然后顺势买入或卖出。当然，这些都要建立在设好止损，并严格执行的基础上。在进场之前，你一定要先搞清楚这笔单子所能承受的最大亏损是多少。

问题4： 您在期货上已经摸索了十年，是否有过最难忘的大赚和大亏经历？现在回头看又有怎样的感悟？

张毅： 有过大亏的经历，大赚的倒是没有。我记得有一次，日内亏了30%多，整个人都崩溃了。那天我正好遇上了"过山车"行情，一开始被套，割肉，然后反手入场，谁知道"过山车"却在这时出现，于是我又割肉，一反一复，导致了巨大的损失。

那次以后，我就给自己定了一条规矩：在判断反行情、割掉大肉以后，绝不再反手操作，亏了也认了。倘若再遇上"过山车"行情，来回几次，自己就会在这个市场上消失。

这么多年交易做下来，我深刻感受到了把握交易节奏的重要性，还有就是心态一定要摆平。

问题5： 您目前的交易节奏是怎么样的？调整心态的方式通常有哪些？

张毅： 多看少做，当行情在一个价位徘徊了一段时间上不去，我就做空，反之则多。如果判断错了，损失比较大，我就离场，关闭交易系统，打开音乐，边听歌边看盘。如果连看盘的心情也没有了，我就去露天广场或者公园静坐，看看外面的世界，忘掉那个不如意的行情。

问题6：您的账户"蓝色经典"取得了第十届蓝海密剑中国对冲基金公开赛机枪手特战营组别第一名的好成绩，但今年该账户的表现却不太理想，请问遇到了什么问题？您是否采取了相应的应对措施？

张毅：今年铁矿石的波动比较大，在大起大落间，我也被困住了。在操作短线的时候，我的交易节奏被打乱，心态也出现了一些问题，所以交易结果不太理想。我最近也一直在调整自己，认真思考这波行情，总结经验，迎接明年。

问题7：在品种的选择上，您专注于黑色系，选择该系列品种进行重点配置的原因是什么？

张毅：黑色系参与的资金量比较大，这样更容易出行情，所以我选择它。以前我以做焦炭、焦煤为主，现在是铁矿石，更具投机的空间。

问题8：今年上半年，铁矿石走出了一波波澜壮阔的上涨行情，随后又大幅下挫，近期铁矿石再度走高，您认为铁矿石后期是否能突破之前的高点？为什么？

张毅：我个人认为很难。上半年铁矿石的那波上涨完全是由矿难引发的一波行情，想要再出现这样的行情，除非再发生类似的事故或者大幅减产。目前来说，大幅减产不大可能，而我更不愿意看到再次发生之前的惨剧，毕竟那是以生命为代价的，所以我并不看好铁矿石后期能突破前期高点。

问题9：您认为当前影响黑色系品种行情的最大因素是什么？

张毅：市场的涨跌无非是由供需决定的，而在这之中影响的因素有很多，并不能说哪个是最大的因素，任何一点风吹草动都足以改变行情。

问题10：在您看来，近期或明年上半年哪些品种可能会有比较好的投资机会以及需要注意哪些方面的投资风险？

张毅：我一直在关注黑色系，我认为它仍然会有好的机会。我个人还是比较看好螺纹和铁矿石，螺纹是黑色系的老大，而铁矿是原材料，受制于内外双向市场，一旦有风吹草动，这两个品种的行情都不会小。风险方面，主要还是集中在国家政策面以及外围市场的产出情况。

问题11： 在操作上，您主做日内短线，是进入期货市场以来就做短线交易吗？这么多年来，您的短线交易方法是否有改变？

张毅： 刚做交易的时候，长短线都有参与。后来因为做长线时盈亏波动比较大，就改做短线了。也许相较之前利润会有所减少，但同时心里承担的压力也小了不少，做交易的心态也变得更好了。短线交易的方法基本上没有改变，跌得多了或者涨得高了，我都不去追。

问题12： 当前黑色系品种的日内走势不太流畅，经常出现反转行情，您是如何应对的？是否考虑改变交易手法，同时做一点波段或者长线行情？

张毅： 在反转行情出现前，一般都会有一个急拉或者急跌的先奏，而且不回头，这个先奏一旦出现，我就会进行针对性操作。目前我还没有同时做一点波段或者长线的打算，感觉自己的功力还不够，还是先把短线技术练好吧。

问题13： 多年下来，您能否总结一下您做短线交易的一些原则？

张毅： 涨得多了或者跌得多了，就不再进行续追的操作；依托K线及成交量，选择入场或离场时机，设好自己心里的止损价位，并严格执行。

因为我是做日内短线的，所以简单来说，看一分钟线，在一个价位较长时间下不去，我就做多；在一个价位较长时间上不去，我就做空。行情启动之时肯定会有量的配合，如果判断正确，可以去守单。一波行情结束之时，也会有放量的情况出现，这时候我一般会选择离场，而不是继续追击。

问题14： 您的止损价位一般会设置在多少？

张毅： 我现在专做铁矿石，根据当天行情走势的力度，止损一般设在6—10个点。

问题15： 您在交易中主要看哪个级别的K线形态？就您的短线交易体系来说，哪些类型的K线形态是比较有效的？

张毅： 我采取日线与一分钟线相结合的操作方式。

问题16： 短线交易中，真假突破往往会迷惑投资者，您怎么来识别？

张毅：我觉得，在真突破出现时，必须是点数与量同时放大，如果突破得不多就回头了，那就要小心了，这时候我往往会选择离场观望。

问题17：很多人做短线常常会陷入越做越亏、越亏越做的状态，您是否遇到过？您觉得应该如何解决这个问题？

张毅：我也遇到过这种情况，其实这就是在操作过程中心态发生了变化，想把亏掉的钱一下子赚回来，但行情往往不支持这样的心态。面对这种情况，还是不能太急躁，未来交易机会还有很多，能弥补回来一些亏损就可以了，况且亏得多了，想一下子全部赚回来的概率也不高。

问题18：有人认为，短线交易是竞争最激烈、盈利难度最高的交易模式，您认为短线交易者应该如何克服问题或瓶颈，才能在短线交易上取得成功？

张毅：短线交易的竞争很激烈，速度快，至于如何做得更好，我也一直在摸索中。

问题19：资金容量通常是短线交易者的瓶颈，您如何看待这个问题，应该如何来突破？您目前的日内策略，资金容量如何？

张毅：我属于比较激进的短线交易者，不频繁操作，在把握性大的时候，会选择重仓操作。所谓把握性大的时候，就是当天行情有个明显的趋势，比如整个黑色系连成一体，同涨同跌，外在的消息面也配合，我会选择重仓操作，仓位至少八成以上。

问题20：很多人觉得小资金不需要资金管理，赌一把就是了，您怎么看？短线交易的资金管理重要吗？

张毅：不管资金多少，操作起来都是一样的道理。别拿钱开玩笑，赌一把的心理不适合这个市场。

问题21：您属于纯手工交易者，人性对您交易的影响有多大？如何防止冲动性交易？

张毅：交易的时间长了，我感觉自己已经慢慢像个机器人了。冲动在所难免，只不过现在的我已经不像当初那么冲动了。

问题22：日内手工交易需要长时间地盯盘，对交易者的精力和体力是很大的考验。您曾经从事过计算机制图方面的工作，据七禾网了解，很多有着计算机方面经验的交易员都会用程序化交易的方式来切入市场，而您却选择了手工交易，能否解释一下其中的原因？

张毅：其实我对程序化交易并不了解，也正因为如此，我才选择手工交易。加上目前自己各方面都不成熟，所以暂时也没有考虑用程序化自动交易。

既然选择了做日内交易，我就一直盯着盘面看，看多了自己对盘面就会有所感觉。

问题23：现在的期货市场已经进入机构化时代，散户的生存空间进一步被压缩，您觉得散户应该如何应对？您对未来有何规划？

张毅：进入这个市场，我就是来投机的。我的初衷是想赚点生活费，而现在要做的就是把这项本领练好。每个散户都有自己的想法，明白自己是来做什么的就行了。

问题24：您从2015年开始报名参加蓝海密剑大赛，当时为什么会报名大赛？在您看来，参加实盘比赛对投资者个人来说有什么有利的方面？

张毅：我最开始选择来参加蓝海密剑大赛，是想来看看自己和高手们的差距。不参加的话，我可能还是井底之蛙。出来看看外面的世界很好，可以了解到别人是如何成功的。

问题25：在蓝海密剑大赛中，年年都会涌现出非常多优秀的选手，给您印象最深刻的有哪几位？您认为在他们身上有哪些大家可以学习的地方？

张毅：优秀选手很多，我是做短线的，给我印象最深的是一位同样做日内短线的选手，一年可以盈利十倍，确实很厉害，但我不清楚他是如何做到的。

问题26：蓝海密剑大赛已经办到了第11届，您对这个大赛有何感受或建议？

张毅：每年都有不少新人脱颖而出，也有不少旧人被淘汰，也总有些常青树一直在。抛去客观因素不说，能生存下来的总有自己的方法。我希望能通过大赛，让我们了解到那些强者是如何成功的，让小散们赚到他们心中期望的生活费。

芷瀚资产李栋：坚持穿越周期的绝对收益量化 CTA 策略

(2019 年 12 月 24 日　七禾网访谈整理)

李栋

芷瀚资产执行董事 / 投资总监，全面负责芷瀚资产日常管理、策略研发及交易工作。

毕业于北京航空航天大学自动控制及信息技术专业，在私募基金投资管理岗位从业多年，十年量化 CTA 交易经验，熟悉国内及全球衍生品市场交易规则及品种特性，擅长交易策略开发和系统优化，具有上亿元规模基金管理经验，保持长期稳定盈利记录。

精彩观点：

没有永恒的圣杯，只有通过动态的体系调整来适应市场的进化才能活下来。

市场波动率在逐步走低，传统中低频策略已经钝化，赚钱的难度越来越大，可以说做一颗恒星很难，我们首要考虑的是如何活下去，这就要求时刻坚持风控第一，给予尾部风险冲击足够的冗余，建立强大的防守反击体系，才能立于不败之地。

聪明的资金会越来越往更有效的管理者手上集中，机构博弈的特征越来越明显，赚钱效应越来越难。

从海外近 30 年的发展历程来看，量化 CTA 已成为不可或缺的主流配置策略，在大类资产配置中占比 10%～15%左右。

CTA 策略的劣势在于容量有限，国内顶尖机构能够做到 20～30 亿规模已经是上限。

我们看好国内 CTA 基金的发展，像 Winton 有几百亿美元规模，如果有一天资本市场能够开放，本土出现全球配置的百亿 CTA 基金也未必没有可能。

优秀的基金经理交易一百多个品种大致已经到了极限，但程序化可以同时交易几千个品种，同时可以配置上百个策略组合，这是人工不能达到的。

程序化交易代表着超大型 CTA 机构发展的必然趋势，目前越来越显示出头部效应和进入壁垒，头部机构积累了顶级的策略和人才储备，各方面都能实现降维打击，目前国内的量化私募仍然处在洗牌阶段。

从海外 30 年的发展历程看，绝对收益仍然是 CTA 的属性，不必担心 CTA 策略会失效。

高频的考察周期是月度，每月都要实现正收益，中频的考察周期是半年，每半年要有正收益，低频周期更长，这是 CTA 策略的硬性考核指标，没有实现平均收益只能说明在全市场排名当中已经落伍。

股指 CTA 策略更适合高频和次高频策略，中低频策略集中度太高，波动会比较大，不太适合资管模式。

芷瀚资产坚持风控第一的理念，主策略长期保持一致，布局全品种、全频段、多策略的全天候量化 CTA 策略，以做多波动率动量策略为主，辅助以增强、回归策略，同时保持一定比例低相关性高频、套利等策略的配置。

芷瀚资产更多地着眼于量化风险而不是量化收益，重要的是把风险边际量化出来，风险收益同源，少亏就是多赚，控制住尾部风险才是稳定盈利的保证。

坚持全市场、全品种、全频段和多策略的多因子配置体系，立足于大规模稳定收益率中频 CTA 策略，对应市场利润结构以做多波动率动量策略为主，结合全面的风控体系和资金管理体系，这都是我们稳定收益的重要保障。

芷瀚资产以大容量的全天候 CTA 策略为主，主策略容量在 15 亿左右。

除非是靠运气，否则永远赚不到认知范围外的钱，靠运气赚的钱最后往往又会因缺乏实力亏掉，这是一种必然，每一分钱都是对这个世界认知的变现。

芷瀚资产一贯强调风控第一的理念，风控体系嵌套在信号中是整个交易系统的基石，包括单策略风控、仓位管理、波动率管理、杠杆管理、敞口管理、资金管理等几个方面。

从 17 世纪初阿姆斯特丹交易所成立到现在，永恒不变的本质就是买多了就涨，卖多了就跌。

人工智能的背后仍然是人，交易算法也都是设计出来的，信号也会发生叠加和踩踏，宏观环境和主观选择仍然不可避免对市场的波动产生影响，这是金融市场不可控的部分。

专注于衍生品市场相关策略的开发和交易，视角更多地集中于量价波动率。

私募是资本密集型行业，投入回报比会非常高，核心资产就是人才和策略，核心人才的价值通过规模效应放大，即使是年薪千万也不为过。

目前也许是量化私募较为容易进入头部的最后窗口期，在人才和资金都沉淀之后，像 2014 年——私募元年那样，很多一般的机构都能够快速扩张规模，这样的机会一去不复返了。

问题1： 李总您好，感谢您在百忙之中与东航金融、七禾网进行深入对话。首先恭喜您操作的账户获得第十届蓝海密剑中国对冲基金公开赛晋衔奖，请您谈谈对本次比赛的心得。

李栋： 感谢东航金融、七禾网，能够让我们在贵平台展示芷瀚资产稳健的交易风格，2019年的表现符合预期，在稳健的风控目标下实现了期望收益，完成了既定目标，未来会继续努力，争取获得更好的成绩。

问题2： 早在6年前，您就接受过七禾网的采访，当时的主题是"要做市场中的恒星，持久闪烁而不陨落"，6年过去了，您觉得做恒星难度大吗？为什么？

李栋： 国内的二级市场一直在从弱有效向中强有效市场发展，市场的参与者结构、宏观生态和监管政策都发生了变化，**没有永恒的圣杯，只有通过动态的体系调整来适应市场的进化才能活下来**，多年来我们整个体系发展也是一个量变到质变，逐步完善和进化的过程。市场波动率在逐步走低，传统中低频策略已经钝化，赚钱的难度越来越大，可以说做一颗恒星很难，我们首要考虑的是如何活下去，这就要求时刻坚持风控第一，给予尾部风险冲击足够的冗余，建立强大的防守反击体系，才能立于不败之地。虽然稳定盈利的难度越来越大了，但衍生品市场零和博弈的属性决定财富没有凭空消失，与权益及房地产市场的边际定价不一样，除去交易成本每一笔交易都有输赢，这也是CTA市场绝对收益的来源，虽然市场一直在进化，但只要做到比大部分竞争对手更好，就能够生存下去。芷瀚资产一贯重视策略的开发和运行，把销售和宣传放在次要的位置上，我们更相信时间的力量，市场在进化，我们的体系也在不断迭代，通过不懈的努力就能够成为持久闪烁的恒星。

问题3： 在这6年里，您觉得国内市场有哪些变化？个人有哪些变化？

李栋： 国内市场一直进化，这也是海外市场已经走过的历程，究其原因，市场参与者结构发生了变化，海外顶级量化进入国内，本土量化机构也在博弈成长，**聪明的资金会越来越往更有效的管理者手上集中，机构博弈的特征越来越明显，赚钱效应越来越难**。同时期货品种和工具也变多了，期权在不断推出，市场容量也在扩张，对比海外衍生品交易所，国内市场的发展是最迅速、管理层也是最务实的，CME 这样的传统交易所这些年都是死水一潭，有对比才对国内市场更加有信心。另外监管也更加成熟，穿透式监管防范了各种非法的市场操纵，稳定了市场秩序，但也确实降低了波动率，趋势行情变得越来越少，三季度我们测算整体波动率已经降低到历史极值，波动率均值下降成为常态，这也给量化 CTA 带来了新的考验。个人来说，从 2013 年加入了一家优秀的私募机构，到 2017 年创立芷瀚，我心怀感恩，得益于完善的风控体系和优秀的投研架构，**我也完成了从高风险高收益的盘手模式向大规模稳定收益资管模式的蜕变**，若没有这段成长经历仓促创立芷瀚一定是会走弯路的。前人栽树后人乘凉，每一个阶段都不可或缺，每一个支持过我们的朋友都值得感恩，一路走过来，正是非常多的领导和朋友的支持，才有了芷瀚现在的大好局面。

问题 4：您内外盘都做，基本全年无休，您对这样的生活会不会厌烦？

李栋：受人之托忠人之事，资产管理行业有其存在的意义，**量化交易是我的职业也是我的事业，选择了就全力去做好，这样才能对得起投资人的托付**。辛苦是一定的，但任何行业都没有随随便便的成功，私募基金集中了太多聪明的人，既残酷又公平，我们明白没有碾压式的智力优势，就只能笨鸟先飞依赖勤奋来积累我们的核心竞争力，在市场跌爬滚打了十几年，也才能积累起一定的核心能力。选择比努力更重要，但每一分努力也都是有回报的。人到中年很容易讲情怀，务虚会显得不太靠谱，但在这个竞争非常激烈的领域能够坚持下来的人，其内心一定有除了物质之外的力量驱动的。如人饮水，冷暖自知，热爱才能坚持，我也在这里向每一个坚持在交易行业的同行致敬。

问题 5：您有十余年的量化 CTA 交易经验，就您个人而言，CTA 策略有哪些优势？

李栋：芷瀚的核心团队拥有十年的国内和海外量化 CTA 交易经验。**从海外近 30 年的发展历程来看，量化 CTA 已成为不可或缺的主流配置策略，在大类资产配置中占比 10%~15% 左右**。量化 CTA 的主要特征是大类资产负相关性、绝对收益和危机属性。从传统的配置理论来讲，相关性较低正向收益的资产对整体配置才有意义，相关性较高的资产只是通过增加 β 来获得收益，并没有获得超额收益，对衍生品来说调高杠杆就可以实现高收益高风险目标，但资金曲线参数并没有获得改善。量化 CTA 与权益类资产的负相关性就突显了其配置意义。海外的发展历程也验证了头部 CTA 机构获取绝对收益的能力，从逻辑上来讲衍生品市场是零和博弈，与权益类市场边际定价不同，除去交易所费用，每一笔交易最终一定会有赢家和输家，红海博弈最后必然会有少量的专业机构能够成为稳定的赢家，这是绝对收益的本质来源。波动率相关策略在危机时刻如鱼得水，系统性风险带来的超高收益，大大对冲了权益类市场的风险，这在市场长久的历程中已经一次次获得验证。CTA 策略的劣势在于容量有限，国内顶尖机构能够做到 20～30 亿规模已经是上限，全市场主力合约单边名义保证金占用不过一两千亿，资金池的深度决定了 CTA 机构的规模上限。伴随着新的交易品种上市，市场容量不断扩大，**我们看好国内 CTA 基金的发展，像 Winton 有几百亿美元规模，如果有一天资本市场能够开放，本土出现全球配置的百亿 CTA 基金也未必没有可能。**

问题 6：国内 CTA 管理资金最近几年也正在迅猛发展，但与海外相比，程序化交易策略所占比例还比较低，您觉得主要有哪些原因？对程序化交易在国内的前景您是否看好？

李栋：市场发展需要时间，伴随着金融市场开放，内外盘市场的有效性会趋于一致，投资者结构也会趋于一致，程序化比例会越来越高，这只是时间的问题。程序化就是计算机自动执行交易指令，对人工的替代优势主要有两个方面，一是速度，二是广度，超高频毫秒级甚至微秒级交易是人工不能涉及的领域，完全依赖程序化。从 20 世纪 90 年代开始海外高频机构就开始收割市场，到现在仍然能在技术上对国内大部分高频公司形成碾压，近期高频领域挤出效应明显，尾部高频向中频下沉，这个领域军备竞赛非常激烈，但高频容量不大，除了自营以外的配置也只能是锦上添花。在中低频领域，程序化不能对人工交易形成绝对碾压，策略逻辑对速度要求不高，人工也能实现，优势也就不那么明显。但程序化可以拓宽市场品种和交易策略，理论上全球所有的二级市场都可以交易，优秀的基金经理交易一百多个品种大致已经到了极限，但程序化可以同时交易几千个品种，同时可以配置上百个策略组合，这是人工不能达到的。对上百亿的资金来说依靠程序化可以做到多因子足够分散，单因子上风险冗余可以控制得非常低，做出来的组合配置收益风险特征非常优秀，程序化一定是机构未来的主流。主观交易可复制性较差，周期性较明显，在管理大规模资金上的劣势就比较突出，因量级上的原因在成熟市场上的占比就会小一些。但有个误区，好像一些交易者使用第三方平台触发一些信号就是专业程序化交易了，但这种完全依赖信号体系追求胜率和盈亏比的方式，可能连专业程序化的门框都没有摸到，很难穿越周期适应复杂的市场生态。专业程序化是一个非常庞杂的系统工程，在我们看来信号体系的占比无非只有40%，更多的体系搭建对风控和资金管理等方面要求非常高，嵌套的立体结构非常庞杂。这和二级市场一样是一个低门槛的行业，谁都可以说自己是程序化，但是能做出穿越周期、稳定盈利的系统非常困难，而且伴随市场的进化未来只有实力强大的机构才更可能承担专业程序化开发的系统工程。**程序化交易代表着超大型 CTA 机构发展的必然趋势，目前越来越显示出头部效应和进入壁垒**，头部机构积累了顶级的策略和人才储备，各方面都能实现降维打击，目前国内的量化私募仍然处在洗牌阶段，所以我们也要抓住这个机遇，争取在壁垒形成之前能够建好我们的护城河。

问题 7：今年，私募 CTA 策略整体表现不好，据统计，CTA 策略今年平均收益率不到 10%，就您看来，今年 CTA 策略回撤是短期不适应市场还是长期趋势？CTA 是否还有机会？

李栋：CTA 策略是有周期的，但绝对收益的属性没有变化，无非是收益高低，波动高收益高，波动低收益低。今年 CTA 趋势策略上半年表现亮眼，下半年伴随波动率下降，整体低迷。从海外 30 年的发展历程看，绝对收益仍然是 CTA 的属性，不必担心 CTA 策略会失效。高频的考察周期是月度，每月都要实现正收益，中频的考察周期是半年，每半年要有正收益，低频周期更长，这是 CTA 策略的硬性考核指标，没有实现平均收益只能说明在全市场排名当中已经落伍。多年来看，2008—2010 年超高波动率，2011—2014 年高波动率，2015—2019 年有三年都出现了相对较低的波动率，就说明了波动率均值走低是常态化，赚钱的难度越来越高，对专业性要求也越来越高，未来的期望收益也会逐步降低，这不仅仅是期货市场，股票市场也会经历同样的历程。从我们的角度来说，市场的生态变化有其必然性和合理性，更多的还是从机构自身去找原因，修炼内功最重要。CTA的危机属性和周期特征决定了机会一定会到来，关键是机会到来的时候有没有足够的风控冗余来把握机会。在波动率修复的前提下，我们认为，做多波动率的相关策略将值得期待，相反，回归类策略的表现可能会差强人意，中频表现的恢复会降低次高频的吸引力。相对价格这块，统计套利的边际在2020年可能会更频繁地被打破，添加基本面因子的套利策略会更加稳定一点。当然具体品种需要具体分析，我们所有的交易还是基于客观的系统化交易系统，从大周期的角度来看，系统性的机遇也许正在趋近，基于我们近十年稳定的绝对收益表现，坚守交易体系、静候机会来临即可。

问题8：随着股指期货的放开，有的私募机构看好股指CTA策略，您是否看好？

李栋：股指对我们来说就是一个交易因子，海外股指我们也做，美国的"三大指数"、欧洲的DAX富时指数、香港的恒生指数等等，从量化的角度来说，量价波动率条件充分就可以交易，股指和商品没有什么特别的区别。我们坚持多因子体系，鸡蛋不放在一个篮子里，风险评价决定了不会在任何板块上集中过多的风险敞口。**股指CTA策略更适合高频和次高频策略，中低频策略集中度太高波动会比较大，不太适合资管模式。**当然股指的容量非常大，水深了玩家多了自然专业的股指CTA策略就会存在，这和专做黑色或贵金属没有什么区别，无非是各人赚各人的钱，在自己能力范围内做风险可控的事情最重要。

问题9：据了解，芷瀚资产主要做CTA策略，跟其他私募CTA策略是否有不同？今年整体业绩表现如何？

李栋：芷瀚资产坚持风控第一的理念，主策略长期保持一致，布局全品种、全频段、多策略的全天候量化CTA策略，以做多波动率动量策略为主，辅助以增强、回归策略，同时保持一定比例低相关性高频、套利等策略的配置。主策略全年表现符合预期，继续保持较高的夏普比率，第三季度后波动率下降至周期极值，主策略有所钝化，但显示出了强大的风控能力，各产品线均实现了期望收益且回撤很小。第四季度波动率出现了缓慢抬升，主要产品线净值也回升至新高附近。CTA底层策略的相关性很高，绝对价格区分为突破类和回归类，相对价格套利对冲截面等等，同样的信号最终结果千差万别，一方面是不同底层策略的选择，另一方面同策略但交易体系的细节差异决定了最终结果不同。芷瀚资产每一个信号产生到实盘仓位，有很多参数设置，包括流动性、相关性、波动率、单因子风控、频段系数、信号参数、仓位管理等，买卖信号看起来很简单，但不过是冰山一角，到底是自上而下还是自下而上的配置方式有本质的区别，信号逻辑比信号本身重要得多。体系化的交易系统长期来看会对简单的买卖信号形成压倒优势。除了信号体系，芷瀚的风控和资金管理体系非常健全，对尾部风险的管理经验丰富，第三季度的市场非常明显，上半年趋势效应较好，很多机构加杠杆增规模，结果遇到了波动率极低的市场环境就出现了非常大的回撤。芷瀚会把常规标准差以外的风险分布充分体现在系统内，足够的冗余就会保证强大的风控能力。我们希望放眼长远做时间的朋友，长跑而不是短跑，做恒星而不是流星，尾部风险控制一定会影响到我们的期望收益，但稳定压倒一切，时间换空间是值得的。

问题10：据了解，芷瀚资产核心团队在内盘拥有11年的公开盈利业绩，那请问芷瀚资产保持长年盈利的秘笈是什么？

李栋：芷瀚资产更多地着眼于量化风险而不是量化收益，重要的是把风险边际量化出来，风险收益同源，少亏就是多赚，控制住尾部风险才是稳定盈利的保证。正向波动是收益的来源，反向波动是风险的来源，各账户定制化风险控制，而期望收益是由大样本决定的。我们因子库有近一千个因子，因子较少，单因子尾部冲击对整个体系的影响就很大，因子数量足够多，大数定律的威力就显现出来，风险和收益的期望区间统计规律就非常稳定，基本在期望值附近一两个标准差间波动，这也是我们可以规模化管理大约几十个账户，同时仍然能够对各账户进行定制化设计的保证。芷瀚资产坚持全市场、全品种、全频段和多策略的多因子配置体系，立足于大规模稳定收益率中频CTA策略，对应市场利润结构以做多波动率动量策略为主，结合全面的风控体系和资金管理体系,这都是我们稳定收益的重要保障。

问题 11:开发交易策略和模型是 CTA 投资的重中之重,一个交易策略从开发到实盘,需要符合哪些条件、经历哪些步骤和过程?

李栋:从配置的角度来说,正向收益和较低相关性是新的策略模型上线的必要条件。底层信号的胜率和盈亏比能够保证周期内正收益,这是基本条件,否则没有配置的意义。与已配置策略的相关性测算也是必须的,否则就是通过增加 β 来获取收益,本质上是放杠杆,并没有获得超额收益。芷瀚新的辅助策略上线,需要策略团队提出策略思想,回测验证,参数调整,模块化整合,风控冗余测试,小资金实盘等过程,还是相对较为复杂的,但仍然是以经历过长期市场检验的成熟策略为主,新策略一定是经历了长期的实盘测试后才会调高比重。策略背后最根本的是盈利逻辑,逻辑清晰能够归因才表明可以理解盈利的本质来源,否则难以区分是偶然还是必然,是运气还是实力,基于策略设计去回测而不是通过回测结果来挑选模型才能避免幸存者偏差,基于纯粹数据统计很可能就是过拟合,模型的适应性会大打折扣,能否穿越周期也值得怀疑。芷瀚的主策略都是在多年完整周期实盘中不断检验和优化的,理论和实践相结合,但实践是检验真理的唯一标准。

问题 12:除了 CTA 策略,芷瀚资产还会配置哪些投资策略?

李栋:芷瀚资产以大容量的全天候 CTA 策略为主,主策略容量在 15 亿元左右,当下的重要任务是提升存量管理规模的收益。我们并没有太大的动力去快速扩张规模,稳打稳扎在能力范围内坚持运行核心主策略很重要,未来形成正反馈后才会去大力发展其他策略。芷瀚目前只配置了一套我们认为能够实现相对均衡的风险收益期望且能够穿越周期的核心策略组合,所有产品线的收益时间轴都是一致的,产品线不同杠杆水平不同,但一定是同涨同跌,不存在拿着优秀策略出来募资却投到较差策略上的道德风险,投资人也不需要选择了私募还要再选择策略,也不用担心策略偏移。有段话很好,除非是靠运气,否则永远赚不到认知范围外的钱,靠运气赚的钱最后往往又会因缺乏实力亏掉,这是一种必然,每一分钱都是对这个世界认知的变现。见过很多超越自身能力盲目扩张规模和产品策略线的先例,大多结果不好,这也是我们不追求高速扩张的重要原因,今年三、四季度我们拒绝了近 2 个亿的管理型资金就是出于这样的考量。但策略研发对我们来说一直是重中之重,不管上不上实盘,策略团队一直在致力于高频、套利矩阵、权益多空和期权等辅助策略的研发和实盘测试,为未来的发展做准备。

问题 13:芷瀚资产不仅投资国内二级市场,还投资全球二级市场,在资金配比上是侧重于国内还是国外?为什么?

李栋:目前绝大部分资金配置在国内,海外只有几千万,主要原因还是资本管制资金出海较难,多因子的体系当然希望能够配置更多相关性较低的市场和品种,但资金没有办法通过合规的渠道出海,我们也必须认清现实顺势而为。当然国内发展得非常好,先把国内市场做好很重要,同时我们也不会放弃在海外市场和一流量化机构同台博弈,金融市场全面开放只是时间的问题,我们也不惧怕在任何市场的博弈,这是十多年来全球交易经验带来的底气。

问题 14:芷瀚资产坚持风险控制第一的理念,请问公司的风控体系是如何运行的?

李栋:芷瀚资产一贯强调风控第一的理念,风控体系嵌套在信号中,是整个交易系统的基石,包括单策略风控、仓位管理、波动率管理、杠杆管理、敞口管理、资金管理等几个方面。简单来讲,区分为微观风控和宏观风控,微观风控就是控制单因子的风险边际,从测算波动率到设置亏损阈值,结合相关性和流动性系数,进行仓位管理。宏观风控就是总资金管理杠杆调整,在净值曲线波动的不同区间精细化杠杆管理,确保不触碰风控线,留有充足的风险冗余。芷瀚的事前风控非常严格,有不少 0.96 清盘线这样风控非常严格的账户在运行,但这对我们来说都没有问题,模块化的风控系统可以很轻松应对各种风控标准。芷瀚目前管理着几十个账户,从没有出现过事后风控,水位以下用到的回撤极小,合作方很轻松,中后台的维护压力也很小,这也是我们能够管理大规模资金的重要保证。

问题 15:近几年来,不仅华尔街的先进量化机构在研究人工智能在交易中的应用,国内也有不少机构在进行这方面的探索,您对人工智能怎么看?

芝瀚资产在量化的创新上是否有一些举措？

李栋： 人工智能就是说利用机器来模拟、延伸和扩展人的智能的技术，金融上包括机器学习和算法交易等应用，这也代表着时代发展的潮流，我们也要顺势而为。但金融市场最终还是人参与的市场，只是工具不同了，从17世纪初阿姆斯特丹交易所成立到现在，永恒不变的本质就是买多了就涨，卖多了就跌，不管是通过程序还是人来交易，背后人类的群体行为具有非线性的羊群效应，人工智能的背后仍然是人，交易算法也都是设计出来的，信号也会发生叠加和踩踏，宏观环境和主观选择仍然不可避免对市场的波动产生影响，这是金融市场不可控的部分。人工智能是一个工具，可以大幅提升我们分析处理数据的效率，在数据处理和交易效率上有很大的帮助，可以尽最大的可能来模拟人类的思维和行为方式，但目前并不能完全替代人类的智能。金融市场毕竟不是确定性规律的竞技游戏，量化资金占比也只是部分，世界充满了不确定性，策略的逻辑是非常重要的，不管用什么工具都要求能够理解盈利的本质。值得注意的是有些披着高大上外衣的策略实际上仍然是一些传统交易模式，这样的例子很多，仿佛投资人听不懂的策略就是高大上的好策略，最后还是要被打回原形。创新领域是非常高精尖的前沿，不是普通水平的一般机构可以游刃有余掌握的，不能为了蹭个热点沾了一点边就贴上高精尖的标签，我们还是应该更加严肃地对待新的领域比较好。创新是引领发展的第一动力，努力做好研究对主策略也会触类旁通，未来扩容也才可能会有机会。芝瀚的策略团队一直致力于开发相关性较低的辅助策略，对新的潮流要去顺应才能发展和存活下来，我们的团队有海外和国内顶级名校的优秀策略研发人员，高频、套利矩阵乃至机器学习都有涉及，但这些策略未必会上实盘，通过实盘可靠性验证非常关键，清楚我们自己的能力边界也很重要。

问题16： 在股指期权扩容后，私募机构也进入备战状态，芝瀚资产是否有做好准备？

李栋： 期权策略一直是芝瀚辅助策略当中的重要组成部分，目前商品期权的成交量较小，指数期权的流动性就显示出其吸引力。过去期权品种数量较少，对于我们多因子体系来说吸引力较小，占个零头却要花费同样的精力去维护策略的边际效用较低。随着金融期权和商品期权品种的逐步推出，配置的意义在增强，我们也会加大这方面的配置。

问题17：除了股指期权，国内商品期权也大扩容，芷瀚资产是否会参与商品期权？

李栋：芷瀚一直在参与商品期权，主要涉及几个策略，一方面结合底仓的套保策略，另外主要是涉及波动率的策略，同时还有一些期权套利和时间价值策略。我们一直在参与海外市场期权交易，成熟市场的流动性和品种丰富度非常好，上半年我们配置了 NYMEX 天然气宽跨式期权组合，单因子回报率非常高，达到了几百倍。随着国内市场的发展，期权一定是我们重点配置的品种，整个体系也会也更加立体，我们也一直在挖掘相关性较低的因子，目前主要的问题就是商品期权的流动性有待提升，相信这个在不久的将来会得到改善。

问题18：从金融期权、商品期权的扩容也可以看出金融市场将越来越开放，就您看来，金融开放对国内私募的冲击会不会很大？国内私募机构跟海外私募将如何同台竞争？

李栋：冲击肯定是大的，海外金融市场发展这么多年，已经实现了优胜劣汰，存活下来的机构都是血雨腥风中搏杀出来的，能够存活下来一定有其过人之处。国内私募毕竟比较年轻，同台竞争段位差距肯定是有的，但我们也没有必要恐慌，**海外机构较大的优势集中在高频领域，技术优势明显才形成降维打击**，技术也是可扩散的，鲶鱼效应加速国内私募的优胜劣汰，无非就是加速了春秋战国的历史进程，更早地实现马太效应。国内很多量化机构的创始人也都是从海外回来的，Millennium、Worldquant 回来的优秀人才带来了很多先进的交易理念和技术，海外顶级机构这几年也都进来了，策略的流动和竞争实际上已经进行了很多年，也并没有看到海外机构碾压式的竞争优势。从投行领域一级市场来看，海外顶级机构这些年在国内一年不如一年，基本被本土机构碾压，这也表明我们也有超强的学习能力和资源整合水平，同时也不缺乏最聪明的头脑，强龙不压地头蛇嘛，也就没有什么好紧张的。蛋糕毕竟很大，每个人都有自己的舞台，关键是在细分领域修炼好内功做到极致，在自己的能力范围内赚取可以认知的利润就可以了。

问题 19：对 2020 年的投资机会，有些私募认为商品期货投资机会大于股市投资机会，您比较看好哪个市场？为什么？

李栋：我们主要专注于衍生品市场相关策略的开发和交易，视角更多地集中于量价波动率。配置的角度来说，伴随着大资金向头部量化集中，市场整体波动率下降，稳定收益的难度会越来越高，中国市场从弱有效向中强有效市场发展，决定了股票市场结构性行情成为常态，**短期内大牛市行情可能性不高，这也好比期货市场从 2008—2010 年超高波动率到 2011—2014 年高波动率再向目前低波动率发展的历程。我们坚持穿越周期的绝对收益量化 CTA 策略**，三季度极低波动率压力测试下仍然表现稳健，从均值回归的角度来说，三季度低波动率已进入长尾区间，波动率回归是大概率事件，同时也可能会伴随着波动率均值的降低。应对市场生态的变化，芷瀚资产会动态调整各频段分布和底层信号参数，做好风控的同时准备迎接波动率的抬升，在系统性风险未出清的前提下，我们较为看好明年做多波动率突破类策略的表现。

问题 20：前段时间，国内一家量化私募公司开出 150 万年薪来招聘工程师，您怎么解读这个新闻？

李栋：量化私募公司开出这样的年薪，说明了量化机构的实力增长，同时人才的价值可以匹配这样的薪水，这是市场化的行为。头部量化已经有百亿规模，150 万人民币换算成美元也就 20 多万，这和华尔街动辄几百万美元的奖金来比不算什么。**私募是资本密集型行业，投入回报比会非常高，核心资产就是人才和策略，核心人才的价值通过规模效应放大，即使是年薪千万也不为过**。另外一方面也显示了头部量化私募正在建立壁垒，规模扩张后进入良性循环正反馈，开始重金招兵买马，建立护城河。所以**目前也许是量化私募较为容易进入头部的最后窗口期**，在人才和资金都沉淀之后，像 2014 年——私募元年那样，很多一般的机构都能够快速扩张规模，这样的机会就一去不复返了。市场化竞争中永远都是不进则退，这是一场全方位的立体竞争，我们也感受到了这种紧迫的压力，幸好整体发展符合预期，希望能紧跟量化行业发展的大潮。

问题21：芷瀚资产的目标是成为一流的科技量化类私募对冲基金，那请您介绍一下芷瀚资产，将从哪些方面来实现目标？

李栋：芷瀚资产管理（上海）有限责任公司是浦东新区工商管理局批准注册的一家致力于国内及全球金融市场量化交易的私募基金，目前除了上海总部，还设立了厦门分公司。核心投资团队拥有良好的教育背景，在专业的投资机构从业多年，具有十年全球金融市场交易经验，经历了全球金融市场完整周期的长期考验，理论水平深厚，交易经验丰富，风控体系完善，长期稳定盈利。全面覆盖了国内及全球二级市场，团队在多年的量化交易中形成了完善的交易体系和精细的风控系统，捕获瞬息万变的投资机会，从容面对金融市场的大幅动荡。宽广的数据分析和策略建模使公司可以通过全市场、全品种、多策略的投资组合来分散风险，并能够从宏观对冲的角度把握市场运行方向，保证公司的长远稳健发展。数据为源，量化为本，客观的数据分析为源头，精确的量化交易为根本。芷瀚资产坚持策略研发为核心，同时坚守职业道德，放眼长远，未雨绸缪，紧跟行业的发展潮流，不懈努力，才能成为一流的科技量化类私募基金。

问题22：目前，市场上有各类期货实盘大赛，就您看来，蓝海密剑期货实盘大赛跟其他大赛有没有区别？您为什么选择参加本次大赛？

李栋：蓝海密剑大赛作为国内期货大赛的标杆，这么多年来的坚持就已经能够说明一切，时间是最好的朋友，蓝海密剑成为了期货大赛领域的恒星，我们肯定会选择这样有恒心、够专业的平台来展示自己。最后再次衷心感谢东航金融，感谢七禾网，让我们能够和大家有这样的交流机会，谢谢！

宣以麟：风控是我资金翻倍增长的关键！

(2019年12月27日　刘健伟访谈整理)

宣以麟

上海人，同济大学教育学硕士，土木工程建筑学士。2013年开始进入外盘市场，以中长线为主，基本面分析辅以技术面。第九届蓝海密剑中国对冲基金公开赛远征军组第三；第十届蓝海密剑中国对冲基金公开赛远征军组第二；在刚刚结束的第十一届蓝海密剑中国对冲基金公开赛上，以净值2.8718列远征军组第一，且连续3年累计净值达到8.2232。

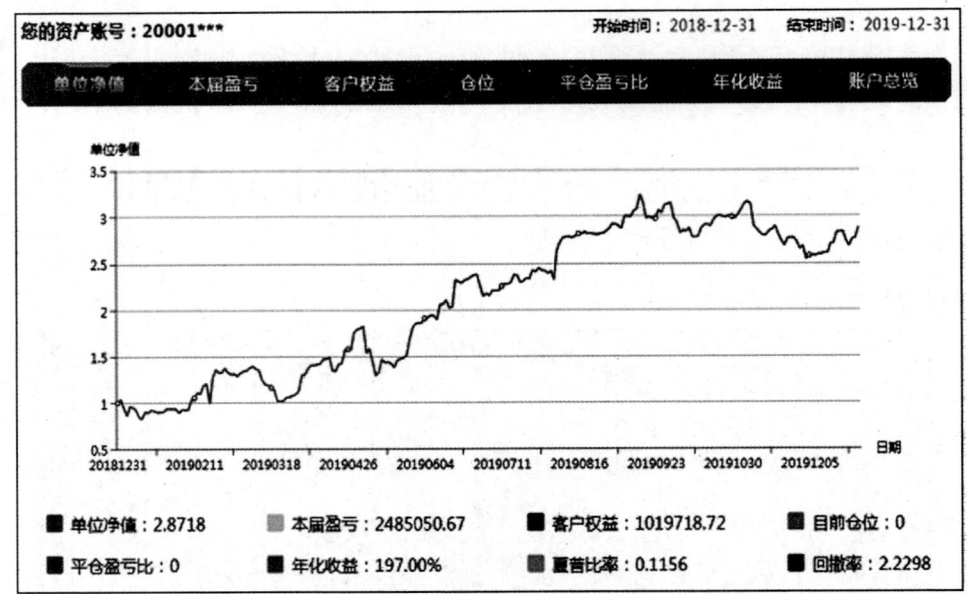

(第十一届蓝海密剑大赛净值表现)

精彩观点：

外盘市场相对内盘而言，行情的连续性比较强，交易标的的选择比较丰富，工具更为齐全。

我觉得投资可能要把时间更多地放在研究分析上，选择好交易标的的方向之后，剩下的就两件事，一个是杠杆的灵活应用，一个就是风控。

外盘的交易时间段非常的长，不可能时时盯着盘面，精力有限，所以在交易之前的研究分析就非常重要，做好头寸的配比，当然设置好止损也是必须的。

基本面矛盾相对突出的品种，都会有比较好的趋势性行情，难点在于判断行情的级别。

我作为个人投资者，和海外高频团队比拼高频交易，就像鸡蛋碰石头那样，所以选择以基本面为主的中长线趋势性投资，应该是不错的选择。

对于中长线投资来说，程序化交易并不会有任何影响，顶多是加大了日内的波动。

我对单笔头寸的回撤一般控制在6%以内，错了就砍仓，砍错了再把头寸做回去。

出金也是一个比较好的风控办法。

我一般以公布的数据为准，比如每个月的利率决议，之后还会有央行行长的讲话，关注政策和讲话的连续性和变化。

我更注重的是各大政策和数据的连续性，这样行情趋势就相对容易延续。

（资金连续翻倍增长）我觉得主要得益于我的风控做得相对严谨，深入研究加上运气。

深入的研究加上完整的交易体系，我觉得是大道至简，可以相通。

A股属于新兴市场，当然波动越大，机会把握好，可以获取更大更多的利润。

从全球配置的角度上看，我觉得A股和美股都是不错的选择。

只要套利窗口打开的话，可以做内外价差的套利，只要汇率上变动不大的话，基本上都会回归。

我认为未来的牛市应该是结构性的，也就是说分化依然存在，应该不会是同涨同跌的格局，所以选择好的公司作为投资标的，才能躺着赚钱。

问题1：宣先生您好，感谢您在百忙之中与七禾网、东航金融进行深度对话。您2013年就进入了外盘市场，当时为什么会选择外盘投资？

宣以麟：外盘市场相对内盘而言，行情的连续性比较强，有的长达23小时，交易标的的选择比较丰富，工具更为齐全。当时内盘还没有太多的期货和期权品种可以选择。另外，做外盘投资也是想试水全球市场，做点尝试性投资。

问题2：您在第九届蓝海密剑大赛中获得了远征军组第三、第十届获得第二，刚刚结束的第十一届夺得第一名，可以说成绩非常优秀，能不能谈谈您觉得能够连续获得佳绩的关键在哪里？

宣以麟：我觉得投资可以把更多的时间放在研究分析上，选择好交易标的的方向之后，剩下的就两件事，一个是杠杆的灵活应用，一个就是风控。

问题3：今年的国际形势其实非常复杂，行情也波动剧烈，您仍然取得这样的出色表现，主要是抓住了哪些行情？当时的判断依据又是什么？

宣以麟：今年的国际形势的确非常复杂，中美贸易战、英国脱欧等大事件经常会影响到风险资产和避险资产行情切换，而且切换的频率相对较快，仓位重一些，就很容易出现大的回撤。

今年主要抓住了美债的一波行情以及美股的行情，在商品和外汇期货方面的资金损耗相对多一些，之前在美联储加息周期，美债的行情连续性相对较好，也因为研究能力相对有限，没有吃足行情。

问题4：做外盘投资您面对的是来自全球的投资对手，您觉得与国内的投资者相比，他们具备什么特点？随着越来越多的国内投资者投身境外市场，开始与全球投资者博弈，您觉得最应该注意的是什么？

宣以麟：外盘上，全球化基金以及程序化交易可能会更多一些，因为没有涨跌停限制，因此行情往往会一步到位，然后进入长时间的震荡，同时外盘的交易时间段非常的长，不可能时时盯着盘面，精力有限，所以在交易之前的研究分析就非常重要，做好头寸的配比，当然设置好止损也是必须的。

问题5：您目前以中长线为主，很多人说外盘更适合做趋势交易，是否是因为这个原因？

宣以麟：其实无论外盘还是内盘，基本面矛盾相对突出的品种，都会有比较好的趋势性行情，难点在于判断行情的级别，所以还是回到之前讲的要在研究方面下功夫。

外盘因为时差，交易时间段长的关系，没法时时盯着盘面，重仓做的确风险很大，哪怕设置了永久止损单，一旦重仓遇到突发事件的冲击，直接穿仓爆仓都是常有的事，所以做外盘心态放平一些，轻仓或者合适的杠杆做趋势可能是不错的选择。

问题6：您曾采用过高频交易，我们了解到海外高频交易占据了非常大的交易量，您如何看待高频交易？为什么现在不用了？

宣以麟：之前在国内做过一段时间的高频交易，这在海外是非常普及，在全球市场中，优秀的高频团队不计其数，**我作为个人投资者，和海外高频**

团队比拼高频交易,就像鸡蛋碰石头那样,所以选择以基本面为主的长线趋势性投资,应该是不错的选择。

问题7:境外市场大部分交易都是通过程序化交易完成的,您目前还是以主观交易为主,那么您在交易过程中如何来应对这些"机器人"对手?

宣以麟:对于中长线投资来说,程序化交易并不会有任何影响,顶多是加大了日内的波动。好比苹果股票每天会有非常多的程序化交易,但这并不影响巴菲特长期持有它一样。

问题8:未来是否会考虑应用一些程序化交易策略进行交易?

宣以麟:基本上不会使用程序化交易,自从进入金融行业一直是做主观交易。

问题9:您表示"只要风控到位,贴合着了解的品种基本面,基本能够获取利润",那么请您介绍一下您的风控体系。

宣以麟:风控的确是交易环节中最重要的一环。风控一旦没做好,必然会酿成大错。我对风控的要求非常严格,每个人都会有适合的自己的风控体系,我对单笔头寸的回撤一般控制在6%以内,错了就砍仓,砍错了再把头寸做回去。另外,出金也是一个比较好的风控办法,比如期货上赚多了,可以出金买一些相对有价值的股票长期持有,也算一种额外的资产增值办法。

问题10:您操作外盘的时候会关注哪些基本面分析?比如像美国的农业部报告,非农数据以及美联储的信息,一些主要国家的财政、货币政策,国际局势里的博弈,局部地区的对抗,这些您都是如何解读的?

宣以麟:我一般以公布的数据为准,比如每个月的利率决议,之后还会有央行行长的讲话,关注政策和讲话的连续性和变化,如果是事件驱动型的,短线有时候也是会参与一把,一般做得比较少。

问题11:研究外盘的基本面可能会因为获取来源、语言、即时性而产生一定的滞后性,这样是否会影响您的交易?

宣以麟:我只关注公开数据,语言方面相对来说问题不大,看一些报告还没什么问题。因为我是中长线交易,所以我更注重的是各大政策和数据的连续性,这样行情趋势就相对容易延续。

问题 12：技术面作为您交易的辅助工具，您是如何与基本面结合的？主要会参考哪些指标、数据？

宣以麟：技术分析现在用得越来越少了，与基本面结合的更多的可能是我的风控体系，因为价格回调到什么位置，其实很难去主观判断，哪怕均线系统也是一样，我更多时候会调整仓位和杠杆比例，长期均线的方向在下单之前会关注一下。

问题 13：您目前主要参与哪些市场的哪些投资标的？是否有具体的投资配比？选择它们的依据又是什么？

宣以麟：基本上我会选择持仓量大、交易量大、活跃的品种，比如美债、美元指数、小标普、黄金、美豆、铜，主要以大品种为主，因为大品种一旦出行情，趋势性是比较好的，比如 2019 年的美债行情。小品种基本不参与，比如咖啡、可可本身的研究资源就比较少，成交也不是特别活跃，尽量做到回避。

问题 14：您表示您交易的资金基本每年都有翻倍的增长，您觉得主要得益于什么？这样的成绩是否具备长期持续性？风险点又会在哪里？

宣以麟：我觉得主要得益于我的风控做得相对严谨，深入研究加上运气，一年吃到一两波行情，权益就起来了，因为本身我也只做大品种，所以相对来说，踩雷的概率会小一些，加上严格的风控，剩下的就让利润奔跑。

问题 15：7 年的境外市场交易经历中，印象最深的盈利与亏损分别是什么样的？带来的教训或者经验又是什么？

宣以麟：印象最深的就属 2014 年 8 月的那波美元指数的上涨了，只是当时投入的资金也不多，刚做外盘不到两年，但是那波行情让我意识到了趋势的魅力，所以今年的美债行情我也做到了一大部分。

至于亏损，我的风控一直比较严格，有时候持仓品种有三四个的时候，遇到回撤可能就会稍多一些。

问题 16：就您看来，各个不同的市场，能否用相同或相近的投资逻辑、交易方法去应对？为什么？

宣以麟：深入的研究加上完整的交易体系，我觉得是大道至简，可以相通。

问题17：您同时也在交易国内的A股，就您看来，内盘（中国大陆市场）和外盘（中国大陆以外的市场）的行情波动差异大不大？差异主要体现在哪些方面？

宣以麟：A股的波动率肯定相对美股会高得多，毕竟A股属于新兴市场，当然波动越大，机会把握好，可以获取更大更多的利润。

问题18：2019年的尾声，国内A股市场一改颓势，业内也再度响起了"牛市来了"的论断，您怎么看待？您觉得2020年A股市场是否有机会？在2020年您主要会配置哪个市场？

宣以麟：A股应该是有机会的，毕竟我本身也是以A股为主要投资对象，再说外盘本身的资金量有限，如果从全球配置的角度上看，我觉得A股和美股都是不错的选择。

问题19：国内的商品期货市场随着多年的发展日渐成熟，部分品种甚至左右着国际价格，您关注国内的商品期货吗？是否会考虑参与国内期货市场的交易？

宣以麟：之前也是一直参与商品期货交易，因为工作上也有很多的交集。现在作为职业投资人，离开产业的时间太久了，太多的信息不对称，所以商品期货做得相对少很多。

问题20：某些内盘品种在外盘上有相同的品种或关联品种，您觉得这类品种内外盘行情的联动性如何？我们能否在内外盘的行情走势和相互联动中找到交易机会？

宣以麟：一般来说，只要套利窗口打开的话，可以做内外价差的套利，只要汇率上变动不大的话，基本上都会回归。

问题21：国内一直都在讨论外汇期货、期权等品种的研究，如果国内上市，您是否会参与？

宣以麟：内盘期权我已经在参与了，如果外汇期货上市，我也一定会参与。

问题22：外盘市场在许多投资者的认知中都打着"高杠杆""高风险"的标签，作为境外市场的参与者，您怎么看？在这样的市场中您会如何去做资金管理以及风险控制？

宣以麟：客观地说，高杠杆和高风险是存在的，但是作为职业投资人，可以主动地把杠杆降下来，轻仓或者适度的配置一些头寸，不要做得太满。风控上把永久止损单设置好即可。

问题23：您表示"大牛市可以躺着赚钱"，这也是许多投资者梦寐以求的，您觉得这样的投资机会多吗？应该怎么去把握？

宣以麟：如果是大牛市，那么持股一定可以躺着赚钱了，但首先**我认为未来的牛市应该是结构性的，也就是说分化依然存在，应该不会是同涨同跌的格局，所以选择好的公司作为投资标的，才能躺着赚钱**。

问题24：我们了解到您教育学硕士毕业后就开始从事金融行业，怎么会做出这样跨领域的选择？

宣以麟：我本科是学习工科的，后来考研的时候又选择了教育学，周围的好些朋友都在做股票期货，那时候觉得特好玩，很有兴趣，所以自己就慢慢摸索学习，这样一干就是十几年了。

问题25：随着国内机构化时代的到来，许多交易员为了避免单枪匹马作战都选择了组建团队或者是抱团取暖，您有这方面的举动或者是规划吗？

宣以麟：之前我也在资产管理公司任职基金经理，后来去了进出口贸易公司任投资总监，也组建过团队，但是平时应酬太多，觉得太累了，所以现在选择安心做交易。

孙辉:"截断亏损,让利润奔跑"正是大多数人亏钱的原因!

(2019年12月31日 李烨访谈整理)

孙辉

山东人,现居宁波。2013年进入期货市场,现从事专职交易,手工主观交易者,日内短线波段为主,隔夜为辅。擅长技术面分析,同时参考部分基本面信息及宏观事件,拥有自己的交易系统。获第十届蓝海密剑中国对冲基金公开赛晋衔奖,"少校"军衔。

精彩观点：

在没有人相信、没有人支持、没有人看好的情况下，自我认识、自我调节和自我改正的能力是我坚持并盈利的基础。

盈利出金和分批平仓是我盈利的主要原因。

专一、极致是在任何行业和领域成功的不二法门。

多品种对日内波段和隔夜来说有时候是个陷阱。

从大的趋势性行情来说，最不看好黑色，随着供给侧的边际影响越来越小，黑色整体将常年大跨度震荡。比较看好农产品和股指，贵金属也值得关注。

我认为独立思考是股票、期货等任何投资成功的前提。

研究行情不如多研究自己，行情最多只占成败的30%，剖析自我，不断反省进步才是正道。

"你眼里的世界并不一定是真正的世界"，这句话对任何投资者来说都是警示。

个人认为现在技术分析不是越来越难做，而是机会更多。

长线和短线都是相对的，只有波动是真实且一定存在的。

我做短线的原则就是跑得快。

日内短线并不一定就是不停操作，遵循跑得快原则，平仓后经常处于空仓状态，反而能规避一些秒杀行情。

对短线来说，我认为一旦盈利尽快平掉头寸是最好的风控。

盈利以后阶段性全部出金、不追求复利、盈利从不加仓、资金同时或阶段性分配在两三个品种上是我资金管理的要素。

很多人在大部分情况下都是盈利没有"跑"起来，最后还落得止损出场的结局。

期货只看结果，而赚钱与否则是评判结果的唯一标准。

现在是充分竞争的时代，找到自己哪怕一点点优势，把它发挥到极致，才有可能立足并有所发展。补短板得不偿失，既输时间又输金钱，等于一直在拿自己的短处和别人的长处竞争，必败无疑。

散户在期货市场永远有机会。

以"我"为中心是在期货市场上赚钱的最大障碍和难点。

我认为未来十年甚至更长时间都是期货等投资领域的黄金发展时期，会有大量机会改变人的一生，活着并时刻准备着是最重要的。

问题1： 孙辉先生您好，感谢您在百忙之中与七禾网、东航金融进行深入对话。您接触期货半年就毅然辞职，专职做交易，而那时候您还处于大亏阶段，一般来说，很多投资者都是稳定盈利以后才转为专职交易，您当时为什么会做出这个选择？

孙辉： 可以说是"初生牛犊不怕虎"，对期货的残酷和凶险认识不足。另外，我认为做事就要有破釜沉舟的决心和勇气，只有全身心投入到一项事业中才能将其做好，拖泥带水、两头兼顾可能什么都做不好。

问题2： 据了解，您初入市场时的交易之路十分坎坷，短短半年亏光本金，随后又经历了持续两年的稳定亏损，加上家人不理解，还差点导致妻离子散。在这种情况下，大部分人可能会选择从此离开这个市场，您是怎么坚持下来的？

孙辉： 妻子后来和我开玩笑，说我身上最优秀的品质是逆商，是抗压能力，我是"打不死的小强"。自信和坚持不能来自盲目乐观，我们要懂得剖析自我，认清自己，不断反省，正像毛主席说的"不仅要有发现问题的能力，还要有解决问题的能力"。在没有人相信、没有人支持、没有人看好的情况下，自我认识、自我调节和自我改正的能力是我坚持并盈利的基础。

问题3： 您在期货市场上赚到的第一桶金是抓住了什么行情？后来又是如何渐渐摸索到了稳定盈利的窍门？

孙辉： 2015年七八月份，那时候因为本金太少，我做的还是配资。在那一个月左右的时间里，我几乎天天盈利，赚了二三十万。当时做的是多品种日内交易，主要是橡胶和两粕等，我抓住了开盘一刻钟内大幅波动的机会。虽然谈不上第一桶金，但它确实改变了我的心理状态和资金窘境。从那以后，虽然也有起伏，但每年都能盈利。其实我的系统和方法与亏损时期相比并没有多大的改变，不同的是心态和执行。盈利出金和分批平仓是我盈利的主要原因。

问题4：从您"盘前计划"这一账户的表现来看，资金曲线整体稳步攀升，但从今年5月中旬开始出现了明显的上升，主要是抓住了哪几波行情？是如何判断的？

孙辉：从今年5月开始，几个账户的利润基本上都是由白银贡献的。白银本来不在我的自选品种内，但随着它的成交量不断放大和价格上涨（也就是日内波动大），我开始关注并参与。虽然短线吃不到趋势的整体大行情，但不断滚动操作也让我获得了不错的收益。

问题5：您属于全品种交易，但在每个时间阶段都会有3~5个侧重点，在众多品种中，您是如何选出龙头品种的？

孙辉：平常我会在有色、化工、黑色等板块各选择一到两个品种放到自选，比如镍、PP等。因为我在交易中以日内波段为主，除了个人偏好外，活跃度高、手续费低是我考虑的主要因素。另外，只要是在一个阶段内每天成交量不断放大，活跃度越来越高的品种，我也会临时参与，但做完这段时间就不再关注，比如去年的苹果和今年的白银。

问题6：相对来说，镍是您日内和隔夜交易中做得比较多的品种，它的什么特点让您着重交易它？

孙辉：我电脑六个屏幕，每天都是把镍放在中间主屏幕。这三四年以来，我对它的日内走势和大概基本面也比较了解，加上镍在各方面也比较适合日内短线，所以相对偏好。

国内有很多短线期货高手都是专注于一个品种，专一、极致是在任何行业和领域成功的不二法门。我也曾考虑把镍作为日内的唯一品种，从机会和把握性来讲，此一品种足够了，但也许是自己的贪婪吧，始终没有下定决心。多品种对日内波段和隔夜来说，有时候是个陷阱。

问题7：今年铁矿石、棕榈油、鸡蛋等品种都走出了流畅行情，但您却没有在这些品种上有较多盈利，是否因为这些品种不符合您的交易系统？

孙辉：是的，鸡蛋成交量不够大，进出不太方便；铁矿石波动大但一个价位的跳动太厚；棕榈油最近有所参与做多，一旦日线级别转向下跌，可能会加大投入。

问题8：目前，在黑色、有色、能化、农产品、贵金属等几个板块中，您最看好哪个板块？为什么？

孙辉：从大的趋势性行情来说，最不看好黑色，随着供给侧的边际影响越来越小，黑色整体将常年大跨度震荡。未来我比较看好农产品和股指，贵金属也值得关注。

从全球范围看，农产品多年来风调雨顺，加上种植、育种等科技的发展，大多品种的价格长期处于底部，一旦供应有极端状况，应该能出现比较大的趋势行情。比如明年的豆粕和玉米，国家前一段时间出台各种政策和措施鼓励生猪养殖，有可能出现用力过度，供求超预期增加的情况。股指的慢牛、长牛值得期待，中国的发展红利，从世界第二到老大的这一进程，在股市中肯定能有所体现。

问题9：您目前已经有自己的交易系统，您的系统是怎样产生的？是否是从实战中总结后得出？有没有经历过调整和修改？

孙辉：实践出真知，我的交易系统都是从自我交易中一步一步建立和完善的。适合自己的才是最好的，只有自己创造、建立的系统才会长久，更有生命力。

系统的建立有内因和外因的促进，内因就是对自己过往的交易数据进行归纳总结，抽丝剥茧，找到共性、规律性以及可操作性；外因就是运用与期货看起来毫不相干的一些事理、逻辑等，将其演变为自己系统的指导思想和原则，比如物极必反、一鼓作气再而衰三而竭等可以作为开平仓的依据和参考。生活处处皆学问，身边很多事情都可以给我们启示和灵感，比如我们在看很多解放战争和抗日战争题材的影视和书籍时，游击战、持久战、集中兵力形成局部优势等等都可以融入期货交易中。

我认为独立思考是股票、期货等任何投资成功的前提。期货没有捷径，参加各种培训班和学习书本上的技术指标等都是徒劳无益的，从没听说哪位投资大佬是跟别人学出来的。自学能力和独创性是各行各业优秀者的共同基因。

任何事物都是变化的，因此我也会对自己的策略和系统进行调整和修改，与时俱进，方能发展。前几年我经常根据日胶的走势来做橡胶，那时候日胶占主导权、话语权，现在的情况已经截然不同，不改变那就被市场淘汰了。

问题10：既然您的交易系统已经十分成熟，而您也表示自己在执行方面有待提高，那您是否有考虑过将您的交易系统编成程序来执行，从而把人解放出来，把精力投入到别的事情上？

孙辉：关于程序化暂时没考虑，一是自己不会编程，二是也不知道自己的策略和方法是否适合用程序化来表达和实现。不过我经常用挂单和条件单，也算是实现了半自动化，同时管理操作几个账户也很轻松，盘中还有闲暇时间。

问题11：您擅长技术面分析，很多投资者在市场中会去研究各种指标、形态，您主要会参考哪些，还是只看"裸K"？为什么？

孙辉：从接触期货开始，我就只会看"裸K"，对技术分析的各种指标可以说一窍不通。其实很多方法和分析并不一定要用K线，比如最近的油脂行情，横向来看，棕榈油涨久了、涨多了（时空都有），怎么也能带动菜油一波。另外，**研究行情不如多研究自己，行情最多只占成败的30%，剖析自我，不断反省进步才是正道**。即便费了半天工夫研究出来方向，但知道和做到、理论和现实相差万里，纸上谈兵很高大上，但结果很残酷。

问题12：除了技术面外，您对基本面和宏观也有所关注。一般来说，做中长线交易的盘手会研究基本面的信息，您做日内波段和隔夜这样的短线操作关注基本面的目的是什么？主要关注哪些方面的信息？

孙辉：关注宏观和基本面，一方面是兴趣爱好，另一方面则是基于能将二者和技术分析有效结合。宏观或者单个品种的基本面有确定且重大的改变时，技术面就会更简单、有效。

问题13：几年前的期货市场，一大半的人都是做技术分析的，如今随着"调研热"的来袭，不少投资者开始着力于基本面分析，您如何看待这种现状？未来您是否会加重基本面在交易中的比重？

孙辉：投资有很多方法和流派，百家争鸣各有千秋，对于真正的基本面分析我很佩服和尊重，他们创造的收益和成就更可观，但大多数可能是假基本面或伪基本面，多数是从网上获取基本面信息，真假难辨。有的调研越来越流于形式，比如工业品的调研，几个人到工厂车间转一圈，坐在会议室听一下领导的汇报和数据就结束了，这种调研得到的信息价值性较低。我之前做外贸工作时负责过采购管理，对供应商的考察、甄别、筛选和调研与之相比异曲同工，一旦流于表面和形式就会出问题。我始终认为"你眼里的世界并不一定是真正的世界"这句话对任何投资者来说都是警示。

我目前还不打算完全向基本面转型发展，因为自己还不具备获取真实基本面的能力。但我可能会更关注宏观面的东西，比如央行的货币政策和国家一些大的产业政策。这些信息无论从时效性或真实性来说，对任何人都是公平的，只是每个人的解读能力不同。

个人认为现在技术分析不是越来越难做，而是机会更多。

问题14：您表示，您在市场上赚的就是短线波动的钱，这么多年短线交易下来，能不能分享一下您做短线的原则及技巧？

孙辉：长线和短线都是相对的，只有波动是真实且一定存在的。很多商品只看起始和结尾，两个时间点的价格并没有多大变化，但整个过程可能上天入地，空间极大。比如橡胶十几年前就一万三，现在还是一万三，但中间却到过四万以上和一万以下。这样的商品很多，具体到日内也一样，开盘价和收盘价差不多，但盘中的波动取一瓢就够了。

我做短线的原则就是跑得快。从我几年的投资收益曲线来看，每次出现大的回撤，几乎都是想把单子拿得长一点、久一点，违背了这个初衷和原则。

问题15：今年许多品种无论在日线级别还是更小的级别上常常出现急涨急跌的情况，而您主要还是手工交易，这种行情是否会对您的交易有一些影响？

孙辉：急涨急跌也就是秒杀行情，对我来说也碰到过，但影响不大，一般通过两三次的正常交易就可以弥补损失。日内短线并不一定就是不停操作，遵循跑得快原则，平仓后经常处于空仓状态，反而能规避一些秒杀行情。

问题16：您也有参与隔夜交易，一般在什么情况下会隔夜？

孙辉：我隔夜的单子也挺多的，有外盘的品种。为了规避手续费，有时股指也会在尾盘进场隔夜。

问题17：诚如您的昵称"盘前计划"，如果没有交易计划，再好的策略也无从施展，请问您是如何给自己制定交易计划的，主要包括哪些内容？

孙辉：我一般会将交易计划手写在笔记本上。首先定品种，其次是方向，然后再判断大概能赚取多大空间的利润。另外，一旦出现反向行情，最多会有多大的空间，盘中一些重要的经济数据的公布是否会对其产生影响，外盘的走向等都要提前考虑和应对。

在盘中的时候，是一味坚持盘前计划，还是可以修改和放弃，也需要很好的度来把握。因为制定盘前计划的时候行情是静止的，而一旦计划开始执行，行情却在运动和变化，就像狙击手在平常练习时靶子是静止不动的，但真正执行任务的时候目标却会上蹿下跳。

问题18：有投资者表示，在短线交易中，盘后作业也很重要，您是否认同这个观点？您在盘后主要会做哪些盘后作业？

孙辉：刚开始做期货的两三年，我会在盘后做大量的统计、归纳、整理、验证等工作。后来就很少了，现在盘后最多用十几分钟迅速浏览一下各个品种当天的走势和日线。

问题19：在经过早期的爆仓和配资交易后，您尤其看重风险控制和资金管理，能不能和我们分享一下您的风控规则？另外，在整体的资金管理上，您又是怎么做的？

孙辉：日内波段仓位一般都比较重，因此风险控制尤显重要。对短线来说，我认为一旦盈利尽快平掉头寸是最好的风控。落袋为安，空仓是最没有风险的。同样的交易方法，不同的资金管理会带来不同的结果。盈利以后阶段性全部出金、不追求复利、盈利从不加仓、资金同时或阶段性分配在两三个品种上是我资金管理的要素。

问题20：很多人认为，"截断亏损，让利润奔跑"是投资的最高境界，而您却表示这反而是大多数人亏损的原因，为什么这么说？

孙辉：不可否认，"截断亏损，让利润奔跑"这种理念和做法一旦碰上单边大行情，肯定能创造超高收益甚至神话，但要想在期货市场长久地走下去，不能把偶然当作必然和日常来做。毕竟单边大行情凤毛麟角，各种震荡才是常态。很多人在大部分情况下都是利润没有"跑"起来，最后还落得止损出场的结局。一笔单子赚十万和亏五万，正负相加就是十五万，两三次以后就伤筋动骨了，更要命的是会影响心态。

问题 21：进入期货市场 7 年，您是如何理解这个市场的？在这几年的交易中，您又有何感悟？

孙辉：成王败寇在这个市场上体现得淋漓尽致，期货只看结果，而赚钱与否则是评判结果的唯一标准。在我从亏损最严重到盈利的转折时期，"结果，我要的是结果"这句话如雷贯耳，惊醒梦中人。

期货市场充分放大了人性，并不是人人都适合这里。现在是充分竞争的时代，找到自己哪怕一点点优势，把它发挥到极致，才有可能立足并有所发展。补短板得不偿失，既输时间又输金钱，等于一直在拿自己的短处和别人的长处竞争，必败无疑。

不能总想着一夜暴富，积少成多，细水长流。巴菲特比利弗莫尔的结局要好得多，长寿且成就巨大。欲速则不达，我的交易历程证明了，对账户进行目标管理，对单笔交易放弃贪婪的预期，确定合理目标，结果反而更好。

期货越简单越能赚钱。天下本无事，庸人自扰之，人为地把期货搞得很复杂很生涩，那是分析师和老师做的事。实战者就是亮剑者，要像李云龙那样做实用主义者，武装到牙齿的美帝和国民党反动派都可以被打败，散户在期货市场永远有机会，关键是能否找到自己的优势并充分发挥。

问题 22：就您的亲身体验来看，要想在这一市场中赚钱，主要难点在哪？

孙辉："自我"。以"我"为中心是在期货市场上赚钱的最大障碍和难点。把"我"的标准等同于期货的各种标准，不尊重客观规律，赚钱的时候全是自己的功劳，亏钱的时候怨天怨地怨运气，人性是最大的魔障。

问题 23：很多交易员都认为需要不断适应市场的新变化才能一直活下去，您是如何适应市场的？针对目前的情况来看，您认为未来在哪些方面还有进步的空间？

孙辉：人类在进步，科技在发展，期货也不例外，与时俱进才能砥砺前行。我认为能否适应市场的新变化，性格是很重要的方面。有些人天生非常执拗和自我，不好改变和适应。我灵活有余，严谨不足，因此适应得快，缺点是欠缺定力。因此，加强品种、机会、进出场、等待、纪律这些方面的定力是我以后工作的重点，如果能做到这些，对未来的收益和提升会有明显的帮助。

问题24：不少曾经以短线出名的交易高手都逐步转为中长线的趋势交易，您会有这方面的打算吗？对于自己未来的交易之路有何规划？

孙辉：有这方面的尝试，但不是很迫切。现在品种越来越多，加上股指期货逐渐放开，从短线的资金瓶颈来讲，也不是太大的问题。最近两年我也组建了自己的工作室，正在慢慢向团队化发展。已经进入2020年，我认为未来十年甚至更长时间都是期货等投资领域的黄金发展时期，会有大量机会改变人的一生，活着并时刻准备着是最重要的。

问题25：您曾多次参加蓝海密剑期货实盘大赛，也都取得了不错的成绩，请问您参加大赛的初衷是什么？在比赛中又有何收获？

孙辉：参加大赛能清晰、准确地记录自己的期货成长历程，蓝海密剑的连续性非常好，高手众多，也是自己学习观摩的好平台。

金森波：最主要的就是要敬畏这个市场

（2020年1月2日　顾小艺整理）

金森波

浙江温岭人，现居住海南琼海，以基本面为主、技术面辅助的综合交易者。曾获得第十届蓝海密剑中国对冲基金公开赛导弹部队组第三名。

精彩观点：

每个物品在每个阶段都会体现它不同的价值，那我们做期货就是去预测它在那个时期的价值所在。

在连续盈利时，我们在做交易的时候就特别容易忽视风险问题，因为期货这个市场永远处于确定性与不确定性中间，哪怕你有一个品种很确定了，你也不能满仓去做，不能全仓下去一把干，还是需要控制仓位，止损，最主要的就是要敬畏这个市场。

其实，基本面分析是为你定下一个最终的方向，技术面就是一个盘面上的节奏，技术面能让你很好地看出这个盘面上资金的动向，还有资金的情绪。

我稍稍了解过一点程序化交易，它就是强调执行力，反正到了某个位置该止盈就止盈，该止损就止损，但是人工交易的话你就会放宽一个空间在那里，这个空间还是有必要的。

当这种影响来临的时候，我不会马上作出决定，会拖延一两天的时间判断它的影响度有多高，因为一个突发事件马上做决定的话往往都是错误的决定。

关键你要把每一个策略都分开，不要混合在一起，哪怕它是重叠的，但是它们本身是不同的策略组合，必须要分得很清楚。

你在每一次亏损的时候就会去考虑你的错误在哪里，从而去转变，从而变得更加成熟。

问题1：金总，您好，感谢您百忙之中与东航金融、七禾网进行深入对话。您对期货市场的认识是"物品价值的预期市场"，您能具体谈谈吗？

金森波：这个其实挺简单的，就是每个物品在每个阶段都会体现它不同的价值，那我们做期货就是去预测它在那个时期的价值所在。

问题2：您是怎样对市场进行预期的呢？

金森波：主要还是看供需关系。具体就是它的库存、上下游关系这一类。

问题3：您做期货仅仅四年就取得了骄人的成绩，据我所知您也曾有过大赚大亏的经历，具体是怎么样的呢？

金森波：那段时间是刚开始做期货的时候，有一段时间是做什么赚什么，以至于感觉自己已经很充分地了解了这个市场了，然后仓位就越做越重，一直处于扛单的状态，因为之前都是赚的，扛到最后连本金都一起损失了。

问题4：在这些经历中，您总结出了什么经验，可以分享一下吗？

金森波：在连续盈利时，我们在做交易的时候就特别容易忽视风险问题，因为期货市场永远处于确定性与不确定性中间，哪怕你有一个品种很确定，你也不能满仓去做，不能全仓下去一把干，还是需要控制仓位，止损，最主要的就是要敬畏这个市场。

问题5：在您专职做期货交易前曾从事其他工作，是什么让您专职转战期货市场的呢？

金森波：以前我是做实业的，做实业就是时间上不自由，每天二十四小时待命。后来接触了期货，从事期货交易后，我自己能更好地把握我的时间，也有更多的时间陪伴家人，主要也是这个原因使我转战期货市场。自从接触了期货市场后，我也很喜欢这个市场。

问题6：在您期货生涯中，您有没有遇到过瓶颈和困难？

金森波：瓶颈和困难肯定是有的，特别是在一段时间之后，资金不断加大的情况下，每天面对的浮亏数字就变大了，心理上就会产生一些压力，另外资金加大之后你选择的品种又会产生变化，其实也不算是什么困难，就是这个资金到了一定数量的时候，选择的持仓、品种都不同了，这需要很长一段时间去转变。

问题7：您主要做的是中长线单边交易，您是如何看待中长线交易的呢？

金森波：中长线交易我感觉就像是在做信仰一样，因为中长线交易是一个十分折腾的持仓过程，每个行情都不可能一次性走出来，在这之中你可能要经历不断地回撤，不同的趋势变化，就像心电图一样。我呢，主要是以基本面为主的，这需要一个时间来体现，而不是很快地体现出来，这就是一个煎熬的过程，要看你怎么样去调整心态，然后配合一些技术方面的方法，做一些加减仓。

问题8：您会如何设置仓位，比如开仓仓位、加减仓等等，在期货交易过程中您是如何做风险控制的，您能谈谈吗？

金森波：我一般总仓位大概是持仓百分之六十，这百分之六十的持仓中大概是有三到四个品种，每个品种大概在百分之十五左右吧，然后开仓的话这几个品种首次开仓在百分之五到百分之十之间，剩下的百分之五到百分之十左右的仓位是用来做加减仓的。风险控制的话就是一个止损。有时候资金的情绪比较大的情况下，就要设立止损。

问题9：您当前采用基本面分析为主，技术面分析为辅相结合的方式指导交易，那么您认为如何才能将基本面和技术面有效结合在一起？

金森波：其实，基本面分析是为你定下一个最终的方向，技术面就是一个盘面上的节奏，技术面能让你很好地看出这个盘面上资金的动向，还有资金的情绪。结合基本面和技术面还是挺容易，因为我们很少做两边多空的行情，最终一般都是做一个方向，做好加减仓就可以了，然后就如我刚才所说，每个行情最终走出来不会一帆风顺，中间肯定有反复，这个就要用技术分析来看待。

问题10：一般您会关注哪些基本面指标呢？

金森波：一个是看需求，看库存，还有就是看经济走向。供需和库存这一方面就决定了它何时能爆发行情，经济走向就是引导期货市场一个整体的发展，比如经济下滑，整个期货市场行情也会往下走，就有一个方向性。我关注的周期一般是三个月到六个月，因为时间过于长的话中间会发生很多的变化，而且也习惯了这样一个周期的长度，也可能三到六个月就比较适合我来操作。

问题11：现在程序化交易相当火热，而您采用的是手工交易，您是怎么考虑的呢？

金森波：可能是习惯的缘故。因为一直做手工交易，所以也就习惯手工交易了。而且我对程序化交易本身也不太熟悉，其实曾经也有想过加入程序化，但是不熟悉，不知道怎么去做。因为我不是那种高频交易，所以手工交易对于我来说也更加灵活一点。

问题12：您是如何看待程序化交易的，是否考虑过程序化交易？

金森波：因为我对程序化不熟悉，所以也不加评论程序化到底怎么样，但是如果有机会的话我也会尝试一下程序化交易。我稍稍了解过一点程序化交易，它就是强调执行力，反正到了某个位置该止盈就止盈，该止损就止损，但是人工交易的话你就会放宽一个空间在那里，这个空间还是有必要的。

问题13：一般来说主观交易常会受到外在因素的影响，您是如何克服的？

金森波：主要的外在影响就是会有一些突发事件，包括一些政策性的突发事件，还有就是资金情绪带来的影响。只能是用周期来克服这些外在因素。因为这些外在因素会影响几天或者几个星期的走向，但是最终的走向还是依赖于中长线趋势走向。对于我来说，当这种影响来临的时候，我不会马上作出决定，会拖延一两天的时间判断它的影响度有多高，因为一个突发事件马上做决定的话，往往都是错误的决定。

问题 14：您采用中长线单边、对冲、套利策略，请分别谈谈这三种方法。

金森波：中长线单边策略就是一个以基本面为主的周期性策略；关于对冲策略，因为我们的周期中有最强的品种，也有最弱的品种，所以我们会配置一些最弱的品种去做空，最强的品种来做多，形成对冲关系；套利策略基本就是同品种的跨期套利，就是做一个差价。关键你要把每一个策略都分开，不要混合在一起，哪怕它是重叠的，但是它们本身是不同的策略组合，必须要分得很清楚。多策略混合的情况就很容易分不清，最后就会搞得很乱。我针对每一组合每一个策略都是分的很清楚的。

问题 15：您会关注大部分期货品种，还是会重点关注少部分品种？您能否对每个品种都深入研究？

金森波：现在主要是关注少部分自己比较熟悉的品种——自己进行过深入研究的这几个品种，因为很难做到对每个品种都深入研究，不管是财力也好，能力也好，不可能一个人做那么多事情。我对我自己的这些品种每年都会进行产业调研，有一些热门品种的话我们也会去关注，主要会关注它的资金动向，一旦某个品种出现大的资金动向我们可能会去追踪一下这个品种。

问题 16：您主要关注哪些品种，对于后续行情如何看待？

金森波：主要是鸡蛋和黑色系，2019 年的鸡蛋行情是走得比较乱，明年鸡蛋应该也是会有一波挺大的行情，黑色系应该明年也会有行情，但最终还是要关注宏观走向问题。与黑色系有关的行情本来我们一般会关注房地产因素，现在又逐渐转变为基建的情况，每年年底政策走向就会明朗，到时候我们会选择它的方向去做。针对鸡蛋，2019 年有很多因素导致它的走向，明年主要以看空为主。

问题17：商品期货在2018年多空的机会都比较大，您主要抓住了哪些机会？有没有做得特别好的品种，或者有没有一些遗憾？

金森波：要说做得特别好的品种也没有，相对来说就是原来一直做得很熟悉的那些品种，但是有几波比较大的行情中，比如苹果，是有失去机会了的。主要原因是忽略了一些资金的情绪，还有对这些品种的了解不够。其他我们做得比较熟悉的合约都是比较明朗的合约，就是正常地进行多空操作。

问题18：您是如何做资金管理的呢？

金森波：不管是什么品种，只要它的资金情绪起来，就会有一段很大的行情出现，不会瞬间褪去，哪怕对这个品种你已经确定了基本面走势，资金情绪也是一个不确定性因素，特别我们期货市场是一个杠杆市场，这种不确定风险足以让你爆仓。刚开始做的时候我们主要只考虑了基本面因素，没有考虑到资金情绪的因素，在交易的过程中不断遇到一些波动，后来就只能用技术去规避这些风险。我的资金管理主要在仓位管理，还有一个场内场外资金的配置，总体来说就是做到控制仓位、止盈止损。

问题19：止盈止损非常关键，您是如何设置的呢？

金森波：止盈我一般是用被动式止盈，就是说在达到预期值的时候，止盈程度就会一直上推，或者回调，直到有一次行情能够达到我的止盈点就行。止损的话，因为做一个品种之前肯定会有预期，比如多空的比例、盈亏比，假设盈亏比达到1:3这样的情况，你就会去分析一下，到底发生了什么情况。

问题20：您对您2018年和2019年的表现怎么看，是否做到了稳定盈利，您的目标是什么？

金森波：我没有什么特别的目标，盈利还是挺稳定的，对自己的表现觉得就是正常的发挥，没有特别的满意或是不满意，就当是一份工作一样，这样的结果也能达到自己想要的一个水平，因为我对收益看得不是很重。其实现在也还在学习阶段，因为我们真正要入门这个市场也需要十年左右的工夫，现在一直在学习积累经验的过程中，又能盈利又能学习，其实是一件很好的事情。而且随着在这个市场经历多了之后，对这个市场的看法有了很多改变，比如就像我刚才说的，以前只注重基本面，后来才发觉要用技术来做风险控制。你在每一次亏损的时候就会去考虑你的错误在哪里，从而去转变，从而变得更加成熟。

问题21： 请问您参加大赛的初衷是什么，在比赛中又有何收获？

金森波： 当时我有朋友参加这个比赛，他叫我参赛，我就去了，也没有想太多。参加了之后结识了很多投资者，大家互相探讨交易心得，对自己的交易也产生了一些影响。交易者没有一个是相同的，每一个人经过的路都不一样，我们经常会聊一些交易的话题取长补短。

问题22： 当前市场变得越来越团队化和机构化，有人认为单打独斗的交易者将越来越难在这个期货市场中生存，您如何看待这样的观点？对未来又有着怎样的规划？

金森波： 能团队化和机构化是挺好的，但是这个市场也需要单打独斗的交易者，因为一旦这个市场只有团队化，就产生不了浮动，也许会成为一潭死水。未来有机会我也会考虑组建一个自己的团队。单打独斗的交易者和团队机构化的交易者相比，主要是信息来源这个弱势，就是一些信息、真实数据，个人交易者的确比较难取得，但是个人交易者的参与也给市场带来了一定的活跃度，就是这样。

随着资金的加大，个人的能力可能就跟不上了，包括精力、体力这些，所以会考虑组建这样一个团队，其中会有风控、一线调研的人员、分析的人员，风控尤其关键，因为交易者很容易疏忽风险因素，所以我会比较强调风控。

问题23： 您对蓝海密剑实盘大赛有什么希冀吗？

金森波： 我认为蓝海密剑大赛办得挺好的，颁奖会我也去了，可以说蓝海密剑是国内期货大赛中办得很好的一个了，我参与蓝海密剑就是希望多结交一些交易者，有一些志同道合的朋友大家共同进步，因为本身做交易这行就是一个很孤独的行业。我会继续参加下去，期望有更多的交流和进步。

雷百亮：中国证券市场真正的牛市才刚刚开始

（2020年1月10日　钱灵杰整理）

雷百亮

深圳康宝亮资产管理有限公司创始人，拥有26年投资经验，经历5轮熊牛转换，1993年投资股市，2003年投资大宗商品期货，2005年开始研究程序化交易策略。2007年在5500点卖出全部股票，并空仓13个月；2009年在3478点卖出全部股票；2014年在5100点及时空仓；2018年6月第一周在指数跌破3136点之后，个人及公司全部空仓到2440点，成功避险。由于多次成功逃顶，康宝亮基金被媒体称为"最牛逃顶私募"。

曾获得第十届蓝海密剑中国对冲基金公开赛晋衔奖，"大校"衔级；第九届蓝海密剑中国对冲基金公开赛晋衔奖，"中校"衔级；第八届蓝海密剑中国对冲基金公开赛晋衔奖，"大校"衔级；第七届蓝海密剑中国对冲基金公开赛晋衔奖，"大校"衔级。

精彩观点：

股市和期货本质上是没有区别的，都是在低位买入优质资产，持有到价格脱离资产本身应有的价格后卖出。

起初进入到市场的投资者都会把精力放在分析市场每日的变化，以为是自身与市场在博弈，而成熟的投资者会用更多的精力自我斗争，初来者以为风险变量都是来自市场，而投资大师们都清楚更不可控的风险变量是来自自身。

基本面和技术面的研究都很重要，基本面研究解决我们该买什么的问题，技术面解决我们该什么时候买，什么时候卖的问题。

我的交易策略主要以趋势策略为主，我的策略核心是不错过趋势，并杜绝频繁交易，以降低犯错概率。

对于习惯交易期货的投资者来说，期权绝对是一个值得参与的品种，但是在入市之前一定要做好功课，熟悉规则，制定交易策略以及应对机制。

在我的两次破产经历中，我深深地体会到控制风险是有多么重要，我现在的核心理念是"风险比利润更重要，永远把控制风险放在首位"，我坚信风险控制好了，利润自然就来了。

2440点以前的暴涨行情我叫它"猴市"，而中国证券市场真正的牛市才刚刚开始，牛市需要具备的条件也逐一显现，比如注册制的实施，《证券法》的重新修订，中国的科学研究和应用升级，人民币国际化加速，还包括房地产行业降杠杆、降负债等等因素，都指向一个结果——就是中国证券市场的"长牛 + 慢牛"。

我的策略核心就是不错过趋势，至于趋势交易策略的交易模型，我已经开发了近70种模型。

问题1： 雷总您好！感谢您百忙之中与东航金融、七禾网进行深入对话。您1993年开始股票投资，2003年进入期货市场，请问您当时是如何接触到股市，又是什么原因从股市进入到期市的呢？

雷百亮： 1993年前后那段时间证券市场非常火爆，我在生意上积累了第一桶金之后一直在密切关注股市，直到 1993 年正式开始交易。到 2003 年是我专职做投资的第一个十年，我学习了很多知识，也总结了很多经验，首先股市只能做多，那个年代缺乏完善的交易机制，也就是说不能做空，一旦上涨行情结束，资金就会长期闲置，因此我便在 2000 年开始学习并研究商品期货市场，这期间我几乎读遍了华尔街期货投资大师的自传和与期货相关的书籍，到了 2003 年就用几万元开始正式交易了。

问题 2：根据您多年的投资经验，您觉得股市投资和期货投资有哪些不同？您会更偏爱其中一种吗？如果有的话，是哪些方面对您产生了比较大的吸引力呢？

雷百亮：在我看来，股市和期货本质上是没有区别的，都是在低位买入优质资产，持有到价格脱离资产本身应有的价格后卖出，底层逻辑就是这样。在我看来股票和期货都只是一种投资标的，只是两者要用到的一些分析手段，以及两者的交易机制有所不同。在我看来股票市场的资金容量要远远大于商品期货，更适合长期投资，通过投资在大级别周期里能一直保持利润增长的上市公司来取得高额回报。而商品期货交易更灵活，还可以以小博大，这是期货的魅力所在。

问题 3：听说您热爱健身、读书、旅游、爬山，这些兴趣爱好都需要比较强的毅力和坚持，请问是否对您的性格及交易能力的养成有积极的作用？

雷百亮：有良好的身体素质，积极的进取态度对交易能力的提升帮助巨大。起初进入到市场的投资者都会把精力放在分析市场每日的变化，以为是自身与市场在博弈，而成熟的投资者会用更多的精力自我斗争，初来者以为风险变量都是来自市场，而投资大师们都清楚更不可控的风险变量是来自自身。

问题 4：您现在进行交易，更多的是对基本面的分析，还是程序化的设计呢？为什么？

雷百亮：我的研究分析大概经历了三个阶段：第一阶段，也就是我入市第一个十年，技术面分析的方法应用很多，自己也比较痴迷研究价格变化的规律所在。还是 486CPU 的年代，我就开始编写选股程序，这些程序都是我总结的各种技术指标组合,那十年里我几乎每天复盘、编程到凌晨,如痴如醉。

第二阶段,大概是从 2003 年到 2012 年,在这十年当中,我开始尝试基本面分析与技术分析共用。我有一个习惯,不定期就会把我过往的重大亏损交易拿出来复盘,最后我发现,让我产生亏损的主要原因有三个方面:第一,逆势交易,经常出现明明是下跌趋势,反而要进场抢反弹,或者明明是上涨趋势却没有坚定持有;第二,过量交易,经常出现自认为很有把握赚大钱的时候,把仓位加得特别重。我第一次在股市破产就是因为前两点都集中出现在我的一笔交易上,起初是逆势去抄庄家的底,接着又重仓加融资,结果事与愿违,庄家和我一起被那只股票搞破产了。第三个主要亏损原因就是频繁交易,看见突破就想追,尤其是我在刚刚做期货的那几年,大量的频繁交易最后是赚小钱,亏大钱。

所以总结下来就到了第三阶段,我觉得**基本面和技术面的研究都很重要,基本面研究解决我们该买什么的问题,技术面解决我们该什么时候买,什么时候卖的问题**。两者都很重要。程序化交易,我认为也是一个大趋势,其核心就是我这些年对交易的总结,从最初写选股定式,再升级到编程买卖信号,直到现在已经可以覆盖全品种、多周期、多策略的全自动程序化交易,经历了快二十年。

问题 5:您是做全市场、多品种、多周期、多策略的对冲基金管理模式,可否给我们做一下简单介绍?另外,请问您现在基金产品中主要有哪些策略呢?可否与我们做一些分享?

雷百亮:"全市场"是指我的研究方向不仅限于股票,商品期货还有各种金融衍生品也是我的研究内容。我们能看到不久的未来大量的国际投资机构会进入中国,通过对全球各个市场投资者的交易风格的研究,未来我们才能熟练应对,"知己知彼"嘛;"多品种"是指我在做资金管理的时候会开仓不同市场的多种交易品种,以达到风险对冲的效果;"多周期"是指我不给我的持仓周期限定在一种方式,只要趋势没变,无所谓是长期持有还是短期持有,趋势变了,我就离场;"多策略"是基于我会在那些资金容量比较大的品种上采用不止一种交易策略,可以达到"策略共振",这样更加准确判定趋势的效果，也能达到"策略对冲"的风险管控效果。**我的策略核心就是不错过趋势，至于趋势交易策略的交易模型，我已经开发了近70种模型。**

问题6：您对于目前的策略是否满意？是否会定期进行更新打磨呢？

雷百亮：交易策略的核心原则是不变的，但具体到每一个程序化交易策略，我会根据每一个品种在不同时期交易特征有变化的时候，适当调整交易策略的微观参数。

问题7：在您的交易策略中，您认为最大的优势在什么地方？

雷百亮：在近20年的时间里，我的交易策略主要以趋势策略为主，我的策略核心是不错过趋势，并杜绝频繁交易，以降低犯错概率。

问题8：近年来人工智能越来越发达，程序化交易系统也发展迅速，您认为是否会对期货市场产生较大的影响，增加期货投资的难度呢？

雷百亮：如果人工智能开始应用在金融市场，会对市场产生巨大影响。但人工智能的底层逻辑也是基于交易者对市场的理解。当这一天到来的时候，我和我的团队也会制定新的应对策略来适应市场的变化。

问题9：对于不同的品种，您是如何分配仓位和资金的呢？

雷百亮：考虑市场资金容量问题和交易策略的多样性，我目前在股票市场配置的资金最多，有五成资金，另外两到三成资金做程序化交易。

问题10：您是否有比较偏爱的交易品种呢？您对这些品种在接下来一年里的行情有什么样的期待吗？

雷百亮：对于我来说，哪一个品种预期有趋势性行情，我就会跟进基本面研究，就每个品种本身而言并无偏爱。

问题11：近期各大交易所的新品种频繁上市，其中有不少期权品种。目前来看，期权的交易还是比较小众，那请问您认为这是比较好的投资机会吗？您是否会涉足或者增加期权品种的投资交易呢？

雷百亮：对于习惯交易期货的投资者来说，期权绝对是一个值得参与的品种，但是在入市之前一定要做好功课，熟悉规则，制定交易策略以及应对机制。

问题12：您是否有涉足过外盘交易？您认为国外的股票和期货市场对于

国内市场来说是否有一些可以借鉴的经验呢？

雷百亮：至今还没有涉足外盘，但是我研究海外主要金融标的已经有二十几年时间了，虽然国内与海外金融市场的交易规则有不同，但核心逻辑是一样的，我十分重视对团队成员在研究海外市场方面的培养，我坚信国内金融市场终究要融入全球市场，所以研究海外市场宜早不宜迟。

问题13：请问你们目前管理资金规模多少，交易策略是否会受到资金容量的限制？在2020年打算如何布局，是进一步扩充规模还是保持现有资金操作？

雷百亮：我预期三年后我团队管理规模能达到100亿。

问题14：在您曾经的采访中有提到过，经历过破产，"风险"二字才深深地刻在了骨子里。您是否认为投资道路上的挫折在某种意义上是一种财富？您是否经历过比较重大的损失，又是如何对待的？

雷百亮：在我的两次破产经历中，我深深体会到控制风险是有多么重要，我现在的核心理念是"风险比利润更重要，永远把控制风险放在首位"，我坚信风险控制好了，利润自然就来了。能领会到这一点绝对是一笔巨大的财富。

问题15：有媒体评价您的基金为"最牛逃顶私募"，因为您多次在股市的高点清仓。那您认为是什么原因让您在数次的熊牛转换过程中预判成功呢？

雷百亮：我在很多采访中详细解释我是如何逃顶的，其实逃顶成功的核心并不是预判，而是坚守纪律，外加及时有效的纠错机制。

问题16：您认为什么样的行情走势对于您来说会是比较好的盈利时机呢？

雷百亮：每一个投资者当然都希望抓住趋势行情，但是现实很残酷，我们还是要适应市场的节奏，紧跟趋势。我这些年利润增长最快的阶段是2015年5178见顶，我在5000点做空，不到一个月时间利润增长了四倍半。

问题17：对于2020年股市行情，很多券商研究员都持悲观态度，请问您怎么看呢？

雷百亮：其实我在2018年已经开始全面看多，直到跌破2638，我更加坚定看多，在很多媒体的采访中我反复强调，沪市2440点以前的暴涨行情我叫它"猴市",而中国证券市场真正的牛市才刚刚开始,牛市需要具备的条件也逐一显现,比如注册制的实施,《证券法》的重新修订,中国的科学研究和应用升级,人民币国际化加速,还包括房地产行业降杠杆、降负债等等因素,都指向一个结果——就是中国证券市场的"长牛+慢牛"。

问题18: 请问您参加蓝海密剑大赛的初衷是什么呢?您认为参赛成绩是会影响交易心态,还是会起到激励作用呢?

雷百亮: 起初参加蓝海密剑大赛,是期望与更多期市高手有一个交流学习的机会,这个大赛是一个非常好的平台,通过多年的参赛,也让我结识了很多非常优秀的投资人,获益良多。

问题19: 您从参赛以来,每年都能获得"大校"及以上级别的衔级,请问这么多年您是如何保持稳定盈利的,除了严格控制风险,您觉得还有什么因素是必不可少的?

雷百亮: 首先要确定符合长期投资的交易理念,多采用趋势交易策略。再者就是要建立完整的投资交易机制和风险管理机制,能坚持交易纪律并预备灵活的应对策略。

问题20: 在新的一个赛季,您是否有想过争取一下更高的荣誉呢,比如元帅?

雷百亮: 当然希望可以冲击元帅头衔,但是这并不是我最重要的目的,我会坚持自己的投资理念和交易策略,至于比赛结果,顺其自然就好。

由势投资胡珍珠：你盈利的时候就是在顺势，你亏损的时候就是在逆势

（2020年1月2日　朱洪烨整理）

胡珍珠

　　上海由势投资管理有限公司创始人，拥有十年期货交易经验，先后从事过研究员、操盘手等工作，注重在实战中探索研究成果。趋势交易为主，程序化操作，多年来始终坚持将技术分析作为研究和操盘的立足点，有着自己独特的操盘风格。曾获得第八届蓝海密剑中国对冲基金公开赛(2016年)晋衔奖，大校军衔；第十届蓝海密剑中国对冲基金公开赛(2018年)晋衔奖，大校军衔。

精彩观点：

所谓的趋势其实就是你的持仓盈亏，你盈利的时候就是在顺势，你亏损的时候就是在逆势。

依赖技术面分析的盘手如果在基本面的解读和获取信息的资源和能力不是那么充足的情况下，基本面的分析反而会造成一定的干扰，这个时候选择单纯的技术分析反而会更好。

一旦做上趋势就绝不能轻易地出来，除非你的交易工具告诉你该离场了，否则就一直持有，能持多久就多久。

之所以特别强调损耗，因为低损耗不仅对交易心态有至关重要的帮助，同时也是你为自己争取抓住大行情获取更多的机会和筹码。

巴菲特的交易名言：第一，尽量避免风险，保住本金；第二，尽量避免风险，保住本金；第三；记住第一、第二条。

资金管理主要包含两个方面。其一是资金的安全、其二是资金的效率。

修信念、修耐心、修道、优术——道为术之魂，术为道之体。

"有道无术，术尚可求，有术无道，止于术。"修期货的道，就是研究确定性的规律。术是应对确定性规律的一些具体的操作方法，是期货交易的武器，包括分析行情、预判走势、制定策略、等待切入。

大行情品种三要素：第一，持仓量放大到历史较高水平；第二，价格水平配合；第三，基本面配合。

程序化靠的是波动率，只要市场波动存在，波幅大，程序化就能发挥其自身的优势。

如何操控资金达到每年的收益目标，主要是资金效率和风险控制能力这两个方面，即如何控制风险，保障资金的原始积累，资金怎么使用才能达到本金的安全和利润的增长。

问题1： 由势投资您好，感谢您在百忙之中接受东航金融和七禾网的联合专访。首先恭喜您获得第十届蓝海密剑中国对冲基金公开赛（2018年）晋衔奖，大校军衔。您这几年在实盘比赛中获得的奖项很多，请问获得这些奖项对您之后的交易是否有影响？若有影响，是怎样的影响呢？

由势投资：不变的是仍然坚持自己的交易理念和策略，不会因为其他人的交易风格而影响到自己的交易体系，因为每个人所适应的体系是不一样的，别人的策略即使看上去很优秀，不适合自己的也就做不好。变化的是对每笔交易的评估和月度交易评估体系的建立更加完善化。刚开始做交易时，就是单账户的形式，对于自己的交易往往单纯只看账户的盈亏情况，参加比赛后，看到平台上有账户的不同维度评分体系，包括盈利能力，回撤控制等方面，后来也把这些指标运用到自己的账户中，尤其是成立公司机构化运作基金后，使得自身的交易系统更加完善，对交易结果的分析和反馈机制更加深入和透彻。

问题2：在各种大赛层出不穷的时代，您为什么选择参加蓝海密剑大赛？您觉得蓝海密剑大赛与其他大赛相比有什么不同？

由势投资：机缘巧合，是通过朋友而参加的，很高兴能够参与到蓝海密剑这么优质的大赛平台，有幸结识到很多真正特别热爱交易并且擅长交易的高手。蓝海密剑大赛与其他大赛相比，分组和头衔比较新颖，激发起交易者不断闯关的冲劲，让交易更有动力。

问题3：您上一次接受我们的访谈是2017年，在这过去的2年多，你们有哪些转变呢？

由势投资：过去的这两年，随着市场震荡周期变得更长，市场的事件性因素干扰越来越多，交易的耐心和心理素质反而变得更好了。随着资金规模的扩大，交易风格更趋稳健，风险回撤控制更加成熟。

问题4：在市场中您最想赚趋势部分的钱，那么哪部分属于趋势的钱？您会如何去赚取这部分利润？

由势投资：其实所谓的趋势并没有明确的、清晰的定义。趋势只是一种行情的形容而已。对于交易者而言，**所谓的趋势其实就是你的持仓盈亏，你盈利的时候就是在顺势，你亏损的时候就是在逆势**。一万个人眼里有一万个趋势。有公认的趋势，比如牛市走势；也有个性化的趋势，比如短期三天的趋势；还有更小的趋势，比如1分钟K线的趋势。市场走势是混沌的，趋势也就没有固定的标准。所以用你自己的规则，定义你想要的趋势。对于我们来说，做中长期趋势主要关注日线及以上级别的单边趋势行情。通过仓位管理及跟踪策略、回撤风险控制等方法赚取利润。

问题5：资料显示，您主要是做中长线交易，您能谈谈您的交易策略吗？您又是如何将这些策略应用到交易上的？

由势投资：我们的交易策略主要就是中长期趋势跟踪策略。一方面根据自己的交易逻辑和指标编写交易策略，进行模拟测试检测策略的有效性，给实盘交易信号指导；另一方面根据自身十几年的实盘交易经验进行主观交易。

问题6：您是技术分析交易者，是否关注基本面的一些消息？有不少技术面分析的操盘手表示，基本面分析对他们没有什么作用，您如何看待这样的观点？在您看来，基本面与技术面之间有什么关联？

由势投资：有一些关联，但主要还是依靠技术面分析。依赖技术面分析的操盘手如果在基本面的解读和获取信息的资源和能力不是那么充足的情况下，基本面的分析反而会造成一定的干扰，这个时候选择单纯的技术分析反而会更好。较大的趋势行情往往是基本面和技术面相互配合的。

问题7：有些人认为，一个程序化策略如果不变化，那它的有效性是不会长久持续下去的，请问您如何看待策略的更新？您是否会定期进行策略优化？

由势投资：基本的策略逻辑不会做变动，更多的是细节上的修正。

对于建立交易系统的交易者而言，优化还是不优化是经常需要面对的问题，都想自己的策略更加完善，但是，又怕自己过度优化。做策略优化前你要清楚自己的目的是什么，为了执行优化、效率优化，还是为了追求完美的策略。每一笔交易都是如何抉择和妥协的问题，交易系统没有十全十美的，过度的优化反而会让策略失效，任何交易策略都有赚钱和亏钱的行情，这不是人力所能控制的，交易者能做的就是尽最大努力争取更高的盈亏比和胜率。

我们在策略优化主要是这两个方向，一是定性规则的优化，在原有系统基础上，对某些规则进行微调处理，甚至删除一些多余规则，比如本来是收盘价开仓的，现改为挂单开仓，这种修改不会改变整个系统的策略思想和逻辑。二是定量规则的优化，以原有系统参数为核心进行微调，比如原数据均线参数为20，我们会在优化过程中，参考10~30之间的参数对应的系统成绩变化进行筛选，选取最优参数。

问题 8：从刚开始进行程序化交易到现在，您是否觉得程序化越来越难赚钱？

由势投资：程序化靠的是波动率，只要市场波动存在，波幅大，程序化就能发挥其自身的优势。当市场处于震荡状态，程序化自然很难赚钱。

问题 9：您的交易系统最大的特点是什么？

由势投资：交易频次低，持仓周期长，减少损耗次数，捕捉较大级别趋势行情，赚取趋势利润。

问题 10：在期市中，多数人都有过大赚大亏的经历，而您也不例外。请问，您在期市上赚过最大的一笔资金是多少？当时做的是什么品种？做到了哪波行情？

由势投资：之前交易有过资金翻几倍的经历，当时主要做的品种是焦炭、PTA、白银和镍。

问题 11：很多投资者表示 2019 年的行情很难做，但你们还能在 2019 年取得比较不错的收益，请您谈谈 2019 年盈利的秘诀是什么？

由势投资：做对一把趋势相当困难，在做对之前我们都会经常犯错误，真正寻找到一次大的机会获取趋势利润需要付出相当大的代价，这既包含趋势形成前的和趋势结束时的不断止损，也包含市场起伏对你的折磨，整个趋势持仓过程中的煎熬。所以一旦做上趋势就绝不能轻易地出来，除非你的交易工具告诉你该离场了，否则就一直持有，能持多久就多久。

问题 12：一段时间盈利也许是行情所致，但长时间保持稳定盈利却是非常不容易的，请您谈谈在 2013 年至 2019 年保持稳定盈利的核心是什么？

由势投资：回过头来看这几年的交易，发现每年绝大部分利润都是来自某几个品种的单边大行情，每年做到那么两三波行情，就能获取稳定的利润。总结下来，就是震荡时期减少交易频次，少下注，降低损耗，待真正的趋势行情到来，下重注，拿住单子。之所以特别强调损耗，因为低损耗不仅对交易心态有至关重要的帮助，同时也是你为自己争取抓住大行情获取更多的机会和筹码。

问题 13：就您看来，要实现长期复利，必须做好哪些方面或具备哪些要素？

由势投资：长期投资是复利的基础条件，只有实现有效投资，才能实现复利成长。要实现长期复利，其实就是资金管理的能力，复利的惊人效果是量变到质变的飞跃，是时间的积累，是你的坚持、你的目标不断实现的过程和结果。假设以年为计算单位，你要定好每年的收益目标，然后根据这个目标制定自己的交易计划，如何操作资金去达到每年的收益目标，主要是资金效率和风险控制能力这两个方面，如如何控制风险，保障资金的原始积累，资金怎么使用才能达到本金的安全和利润的增长等，这样一步步细化下来。

问题 14：如何在亏损时调整心态非常重要，当遇到亏损时，您会如何调整自己？

由势投资：空仓，然后复盘自己的交易，找交易亏损的原因，交易过程中自身存在的问题，包括交易的执行，交易过程中的心理，同时反观自己的交易中有多少是冲动的交易、不在计划内的交易，强调一定要减少损耗。亏钱的时期是很容易沮丧甚至绝望的，但是所谓福祸相依嘛，换个角度看待，对于个人成长也是最有帮助的，大亏或者长时间亏损的时候让你去深度反思这个市场怎样做才能赚钱，什么样的人才能赚钱，你想得到的是什么，不断地认清自己，知道自己的能力边界并高度自律地固守自己的能力边界，在实践中不断升级验证自己的理论体系，从而实现修炼自我的过程，然后耐心地看别人赚钱，耐心等待属于自己的行情。

问题 15：对投资者来说，在交易中遇到挫折是常有的事，您觉得哪些类型的投资者更容易克服挫折，而哪些类型的投资者可能长期走不出挫折？

由势投资：懂得修炼自己的投资者更容易克服挫折，这类投资者往往具备独立思考、鉴别、权衡和舍弃的能力；有赌徒心理的则长期走不出挫折。有过交易经历的人会更加真切地体会到这个市场的复杂性，交易市场是瞬息万变的，当你不断地对自己说如果市场这样走我怎么样应对，那样走我如何应对的时候，真实的市场行情却从未按你的预想完整复制过一次，交易的过程中会遇到许许多多的障碍，需要你去思考，去做选择，它考验的是你的思维，你的情绪，你的应对能力。赌徒心理最大的特点就是预设一个虚拟的目标，一个想象中的目标，完全无视市场本身，倘若你抱着赌徒的心理来到这个市场，把市场当赌场，最终的命运只能是悲惨的，无论前面赚多少，输一把归零。归零是赌徒的最终归宿，无非是时间先后的问题，更别说能不能走出挫折。

问题16：做交易最重要的就是风险控制，这也是每个交易员最关心的问题，请问，在风险控制上您是如何做的？

由势投资：众所周知，巴菲特的交易名言：第一，尽量避免风险，保住本金；第二，尽量避免风险，保住本金；第三，记住第一、第二条。

这对每个交易员都不例外，我们也是秉承着这样的风控理念，本金就是我们交易的筹码，只有手中持有筹码才能抓住你看到的、等到的交易机会。如果你在属于自己的行情来之前丢了所有的筹码，那么后面即使你看对再多、再大的机会也无法获取到丰厚的利润。因此，首先，要清楚自己的风控底线；其次，风控线与交易策略相匹配；最后，严格执行交易计划。

风险控制贯穿交易的始终，伴随着交易计划而生，比如前期投资计划评估，包括交易策略，品种配置，头寸使用，根据每笔交易的进场依据，事前设定好止损线；持仓中，当该笔交易处于盈利状态时，不断修正平仓线，控制利润回撤。

问题17：交易者要想长期、成功地在市场上赚取资金，都离不开资金管理，那您在交易上是如何做资金管理或仓位控制的？

由势投资：资金管理主要包含两个方面，一是资金的安全，二是资金的效率，即在保证资金安全的情况下追求资金的使用效率和盈利效率。具体到如何操作上，就是交易计划（仓位管理）和风控方案的配合。

资金仓位使用模型：①固定金额单元（合约）模型；②保证金百分比；③波动性百分比；④风险百分比；⑤周期资金调整。

风险控制措施：①既定最大回撤下，计算单笔最大止损；②以单笔最大止损计算单笔仓位；③协调资金利用率、交易频率、单笔风险。

问题18：由势投资资金管理规模从开始的不足百万到目前3个亿，请问你们的交易策略是否会受资金容量的影响呢？

由势投资：交易策略决定了资金容量。一般程序交易品种数量越高、品种流动性越强、交易频率越低、单次交易收益越高，资金容量就越高。我们主要做中长期趋势交易，目前来看，交易策略的资金容纳量超过现有管理规模。

管理规模的扩增对交易策略的影响体现在资金管理和交易细节上。当资金规模不断扩大，需要考虑成交量、品种持仓容量，如何做好资金头寸管理，还有心理素质，比起小资金来说，需要过滤掉一些小品种，放弃一些短线和波段交易机会，只追逐真正的趋势交易。

问题 19：对于您这样有股票交易经验的人来说，股票和期货的区别主要是什么？期货最吸引您的地方在哪？

由势投资：股票和期货二者的区别最直观的表现就是交易方向：单向和双向的区别。期货比较吸引我的地方主要是周期相对短、波动大，操作灵活以及风险可控性强，而且相对股票的品种数量少很多，比较适合自己这种依赖技术分析交易的人发挥自身优势。

问题 20：您在选择品种上有何要求和标准？每个品种、周期、策略资金和仓位如何分配？

由势投资：我在选择品种上需要择时、择标的。我会全面分析市场各个标的不同时期的表现，总是参与当下最强的品种，把资源和精力聚焦在自己擅长的领域，少下注，下重注。

问题 21：2020 年上半年，您觉得哪个或哪些品种可能会有较大的行情？你们打算在交易方面做怎样的布局？

由势投资：一般大行情品种具备三种要素：第一，持仓量放大到历史较高水平；第二，价格水平配合；第三，基本面配合。2020 年我们认为股指期货、沪铜、化工板块可能会有较大的行情。2020 年我们在交易方面首先是重点关注比较看好的板块和品种，如果能够符合预期和交易指标，资金会更多投入到这些板块，当然如果实际的走势不符合交易要求也不会一味地在这些品种上损耗，还是会全市场全品种监控，参与当下最强、符合自身交易逻辑和策略的品种。

问题22：有盘手表示做交易最重要的就是坚持，坚持自己的交易理念。在您看来，一名交易员要做到哪些才能称得上合格和优秀？您怎么评估自己目前的状态？

由势投资：修信念、修耐心、修道、优术——道为术之魂，术为道之体。我一直处在以术求道的路途中。

问题23：您认为"有道无术，术尚可求，有术无道，止于术"。请问，做人、做事、做交易是否都如此？为什么？

由势投资："有道无术，术尚可求，有术无道，止于术"。修期货的道，就是研究确定性的规律。术是应对确定性规律的一些具体的操作方法，是期货交易的武器，包括分析行情、预判走势、制定策略、等待切入。

神雕侠侣中，杨过在石壁上发现了剑魔独孤求败刻下的字，其中有这几句："紫薇软剑，三十前所用，误伤义士不祥，悔恨无已，乃弃之深谷。重剑无锋，大巧不工。四十岁前恃之横行天下。四十岁后，不滞于物草木竹石均可为剑。自此精修，渐进于无剑胜有剑之境。"

人的一生是不断学习和感悟的过程，做期货也如此，需要不断修炼自己，求道，得道，以道驭术。

问题24：投资界基金经理以男性居多，作为女性基金经理，您觉得有哪些优势呢？

由势投资：我觉得优秀的基金经理或者说交易员的特质是相通的。如果说作为女性基金经理有哪些优势，我觉得是女性的自我保护意识更强，在不利于自己的时候，更容易放下执念，具有较强的承载力和包容性，能够避免致命的打击。女性相对来说做交易"赌性"会更弱一点，在亏损时更注重保护自己，同时抗压性、感知力也是女性做期货交易的一点优势。

问题25：请您谈一下由势投资的定位和发展目标。

由势投资：在私募行业占有一席之位，稳扎稳打地实现每年的收益目标和规模目标，让投资者安心、放心。

张金光：投资是一场修行，苦难和折磨会转化为机遇和财富

(2020年1月13日 唐正璐访谈整理)

张金光

43岁，辽宁盘锦人，股票、期货、外汇、外盘期货均有接触，拥有11年期货交易经验，主观交易者，以中长线为主。

曾获第七届蓝海密剑中国对冲基金公开赛远征军组别第一名，第八届蓝海密剑中国对冲基金公开赛晋衔奖、"中校衔级"，第十届蓝海密剑中国对冲基金公开赛远征军第一名，2014年CCTV天纵期才重量组优胜奖。

精彩观点：

外汇交易杠杆大于期货，全球的突发事件都会造成异常波动，按期货交易模式很容易爆仓。

我不会超过5倍杠杆，长期持仓不会超过3倍。

和专业投资者相比，个人投资者资金少，信息不对称。但"船小好调头"，要避免短线和长线交易，尽量中线持仓，滚动操作。不要试图获取超额收益。

一定要降低杠杆，一定要设置止损，一定要减少交易。

风险都是相对应的，取决于仓位和止损设置，逆势操作，做什么都会血本无归。

人生就是一场修行，投资也是一样，不要过分看重结果，重要的是在过程中不断地成长。苦难和折磨其实也会转化为机遇和财富，重要的是要不断成长。

不是时刻盯盘就会有好的效果，能力主要在交易之外。

把投资当作一个兴趣爱好而不是养家糊口的工作，会让你更从容，更平稳。

我不敢保证明天不会一无所有，还需要一份稳定的工作。

投资市场就是没有硝烟的战场，交易背后是一个个惊心动魄的故事，跌宕起伏的行情中让你有太多的感悟。当你渴望财富，追求财富的过程中最容易迷失方向。学会理性看待交易看待人生，才不容易迷茫。

人无时无刻不在发生变化，既可以升华为神，也可以黑化成魔，一切都在于自我的约束和自律。

问题 1：张金光先生您好，感谢您在百忙之中与七禾网、东航金融进行深入对话。我们都知道 2018 年国际关系比较复杂，如中美贸易战、英国脱欧等等，内外盘行情波动都比较大。在这样的情况下您仍然获得了第十届蓝海密剑中国对冲基金公开赛远征军第一名，您觉得自己能获得这样成绩的主要原因是什么？

张金光：外盘的波动要远大于内盘，首先要把风险考虑在首位。我降低了仓位，只专注于外汇期货和原油期货，减少操作频率，取得了一定效果。当然，最主要的原因还是外盘参赛选手少。

问题 2：您做了很多年的外汇和外盘，在之前的采访中，您提到外汇比期货更难把握，外汇交易的难点主要体现在哪里？对于想要尝试做外汇交易的投资者来说，需要注意和把握的点有哪些？

张金光：外汇交易杠杆大于期货，全球的突发事件都会造成异常波动，按期货交易模式很容易爆仓。同时因为有隔夜利息，长线持仓又承担很大利息成本，初期投资者要尽量避免参与，如果参与，也要尽量减少交易，耐心等待趋势明显的行情。

问题 3：提到外盘，国内投资者的首先想到的就是高风险，不过有投资者认为，境外市场并不比国内市场风险更大，高杠杆和不擅用杠杆才是风险来源。甚至有投资者表示，若不懂杠杆，就别碰外盘。对于这样的观点，您如何看？

张金光：外盘杠杆普遍高于内盘，轻杠杆是首要的，外盘波动大，止损设置要适中，在控制风险的前提下，要避免频繁被打止损。

问题 4：那么您在交易中会如何合理使用杠杆？有没有设定一些规则？

张金光：我不会超过 5 倍杠杆，长期持仓不会超过 3 倍。

问题 5：在您眼中，外盘市场是什么样的市场，与国内市场相比最大的区别在哪里？您目前的投资重心主要放在内盘还是外盘？

张金光：外盘波动大，影响因素多，但相对内盘中长期行情稳定，趋势性较好。我目前内外盘均有参与。

问题 6：境外投资者的比重以专业机构占据多数，您交易外汇和外盘就相当于直面专业机构的挑战，就您看来，个人投资者如何做才能在境外市场上分到一杯羹？

张金光：和专业投资者相比，个人投资者资金少，信息不对称。但"船小好调头"，要避免短线和长线交易，尽量中线持仓，滚动操作，不要试图获取超额收益。

问题7：您以基本面分析为主，我们都知道，国外市场受基本面信息的影响比较大，而国内投资者由于语言不通或者习惯不同等原因，了解到的信息可能是滞后甚至无效的。请问您有过这方面的困扰吗？是如何解决这个问题的？

张金光：盛极必衰，对个人投资者来说，消息已经没有意义，要抓回调趋势，用理性思维去判断。比如农产品全球连续丰产，必然价格下跌，农民减产，在行情趋势形成时介入。

问题8：如果投资者要参与境外投资，主要关注或者参考哪些方面的信息？

张金光：关注一些大的政策变动，如科技发展、产量的大幅增减变化。

问题9：在杠杆高、波动大的境外市场，资金管理和风险控制尤为重要，对于这两大"重点"，您是如何做的？

张金光：一定要降低杠杆，一定要设置止损，一定要减少交易。

问题10：2019年国内外市场因贸易战的影响产生了较大行情，您是否抓住一些机会？最新消息显示，中美达成了第一阶段贸易协议，在这个时间窗口上，您觉得是否有一些机会？

张金光：目前中美只是暂时"休战"，前景不明，建议少看多动。

问题11：刚步入2020年，就迎来了首只"黑天鹅"——美伊冲突。原油和黄金受美伊局势的影响大涨又大跌，您是否有抓住这波行情？当前美伊局势仍然紧张，在这样的情况下，您会如何操作？您觉得未来油价会怎么走？

张金光：原油短期剧烈波动，很难把握，不能去猜测政治走向，因此没有参与。美伊各自面临国内外问题，轻易不会爆发战争，但是中东肯定还会冲突不断。个人预测原油还是区间震荡行情。

问题 12：在品种选择上，您以农产品和金属为主，今年因为非洲猪瘟事件的影响，国内农产品受到了较大的关注，例如豆粕和鸡蛋，均出现了较大的行情，对此，您怎么看？

张金光：随着生猪存栏量稳步上升，豆粕使用量会缓慢上升，但需关注全球大豆产量、价格和国际贸易格局。鸡蛋需求稳定，主要看存栏量，目前存栏量较大，随着猪肉价格下跌，压力会较大。

问题 13：您在鸡蛋和铁矿上均出现过先赚后赔的情况，您是否反思总结过，哪些方面需要调整和改变？

张金光：鸡蛋长期交易过程中形成惯性思维，没有及时发现新变化，加之猪瘟影响叠加，后期出现利润回撤。铁矿上因对国内国际形势判断出现错误，加之仓位偏重，出现了一些亏损，都是深刻教训。

问题 14：您会从多方面了解和研究投资品种，当价格与价值偏差的时候，就寻机介入，那您怎么去发现价值，又如何判断一个品种的价值？

张金光：还是要对相关品种的基本情况有个初步了解，及时了解基本面重大变化。同时要尽量把握好入场时间，尽量通过月线季线指标判断。

问题 15：您曾表示，对于散户来说，根据国家的调控思路可以掌握一些脉络，当国家连续出台政策打压或扶持某个品种的时候，就是一个投资时机的出现。那您觉得未来一段时间内，哪些品种或者板块可能存在机会？

张金光：国家调控手段较多，调控力度越来越强，各品种波动不会太剧烈，农产品主要受产量、贸易格局影响，可加以关注。

问题 16：您 2000 年就开始接触股票，现在还在交易吗？您曾表示，股票投资就是要在别人疯狂的时候离场，别人恐惧的时候入场，那您觉得当前的股市适合介入吗？

张金光：经济下行时，国家更加注重资本市场，会有一定行情，但因为股指期货的原因，很难出现单边上涨行情，把握波段行情，散户可尽量定投基金，减少风险。

问题 17：有投资者认为，对于新手来说，期货比股票风险大；而对老手来说，股票比期货风险大，您怎么看待这样的观点？为什么？

张金光：风险都是相对的，取决于仓位和止损设置，逆势操作，做什么都会血本无归。控制风险，总结经验，培养好适合自己的交易体系，都需要很长一个过程。

问题18：您曾从十几万做到近千万，然而长期盈利后，最近两年的表现不太理想，请问是哪些方面出现了问题？

张金光：首先是心态，连续几年盈利后，对投资缺乏敬畏，以为自己已经掌握了盈利的窍门，盲目自信。其次是对某个品种投资风格固定后，投资环境、对手发生变化后不能及时调整，墨守成规，固守原来交易策略，不能及时跟随市场变化。

问题19：处于交易低谷期时，您会如何调节自己的心态？

张金光：人生就是一场修行，投资也是一样，不要过分看重结果，重要的是在过程中不断的成长。苦难和折磨其实也会转化为机遇和财富，重要的是要不断成长。

问题20：七禾网上一次采访您时，您提到了正在研究摸索程序化交易，如今是否取得一定的成果？对于程序化交易和手工交易，您更喜欢采用哪种模式？为什么？

张金光：现在还是手工交易，还没有程序化交易的能力。

问题21：外盘大部分品种都是连续交易，投资者需要更多的精力看盘。入行十逾年，你一直坚持兼职交易，那您是如何平衡工作与交易之间的关系的？

张金光：不是时刻盯盘就会有好的效果，能力主要在交易之外，不相关的工作一样会有助于投资心态，把投资当作一个兴趣爱好而不是养家糊口的工作，会让你更从容，更平稳。

问题22：七禾网采访过一些兼职交易者，他们认为当资金量比较小的时候，有一份足以养家的薪水能使自己交易更从容，当资金量大到一定程度，薪水无足轻重时，肯定会选择专职交易。你既然已经能在期货市场上赚取丰厚利润，为什么不选择专心交易呢？

张金光：我不敢保证明天不会一无所有，还需要一份稳定的工作。而且人还是需要多接触社会，不要太离群，有助于好的精神状态。

问题23：您做了十多年的交易，您认为投资就是人生的一场修行，在这场长达十几年的修行中，您学到了什么？收获了什么？

张金光：投资市场就是没有硝烟的战场，交易背后是一个个惊心动魄的故事，跌宕起伏的行情中让你有太多的感悟。当你渴望财富，追求财富的过程中最容易迷失方向。学会理性看待交易看待人生，才不容易迷茫。

问题24：您还认为投资其实是对人性的考验，相对于弄懂市场，认清自己更难，这句话该如何了解？

张金光：再复杂的规则，都有一定规律可循，是相对稳定不变的。人无时无刻不在发生变化，既可以升华为神，也可以黑化成魔，一切都在于自我的约束和自律。

问题25：作为一名多次参与蓝海密剑实盘大赛的交易者，蓝海密剑大赛给您最直观的感受是什么？您觉得蓝海密剑大赛还有哪些需要进步和完善的地方？

张金光：它给了市场参与者一个互相了解、互相学习的平台，有助于个人不断的成长，非常好！

刘锡斌：连续 10 年稳定盈利
——我们将在量化 CTA 领域中做到极致！

（2020 年 1 月 11 日　刘健伟访谈整理）

刘锡斌

广东宏锡基金总经理，毕业于中山大学金融专业，工商管理硕士。主要负责基金公司的交易策略研究和风险管理研究，拥有 15 年以上的期货、股票、期权和外汇的实战交易经验，并保持年均 30%以上的盈利率，对国内外股指期货和商品期货非常了解，具有丰富的期货交易经验，在趋势跟踪策略与量化投资策略的研究上具有极深的造诣，能熟悉运用计算机对历史交易数据进行分析统计与策略模型构建，并对交易策略进行测试论证，对量化风险控制也有独到研究。

精彩观点：

人才的稳定非常重要，人才的稳定决定了业绩的稳定，人才的优秀决定了业绩的卓越。

我们只专注于我们擅长的量化 CTA 领域，因为我们深刻知道团队的人才结构、能力与优势是在量化 CTA。

宏锡的核心竞争力：第一，专注量化 CTA；第二，以业绩为导向；第三，公司自主研发的智能交易系统；第四，近 20 家知名证券期货公司白名单与种子基金跟投；第五，公司团队在 2010 年开始组建，团队稳定，扎根于中国市场。

我们是量化机构，所有决策必须以数据为导向，包括策略模型构建与业绩归因等。

我们对策略模型评判标准都是以数据说话，主要的数据指标是收益风险比、最大回撤、夏普比率和索提诺比率。

坚持品种分散、策略多元化、严格风控。

量化交易中最大的风险是政策风险和市场风险。

股指期货逐步恢复，这对于量化 CTA 来说是一个极大的利好政策，因为股指期货与商品期货互补性强，是一个能提高基金收益风险比的好品种。

我们相信未来波动率会逐步提高，将有利于大周期的交易策略。

我们追求的是稳定盈利，而不是短期暴利，慢就是快！

我们一直认为策略会有一定生命周期的，策略要不断地以经验为基础进行迭代，未来也将引进机器学习开发低相关性的策略。

我们内部把公司看成是保险公司，把量化交易系统当成是保险精算系统，我们作为现货企业转嫁风险的对手方，适当地承担风险，相应地也获取风险报酬。

公司风控重点在于管理回撤风险，收益是市场给予的，要敬畏市场。

市场环境越竞争越恶劣时，越考验机构的专业能力，所以要专注于自己擅长的领域并不断提升。

我们团队是非常看好 AI 与量化交易的结合，能提高研究效率与挖掘低相关性的策略。

我们将会在量化 CTA 领域做到极致，向国际上著名的 CTA 龙头 Winton 元盛公司学习，致力于成为中国最专业最稳健的量化 CTA 基金之一。

问题 1： 刘总您好，感谢您在百忙之中与七禾网、东航金融进行深度对话。宏锡基金的团队已经连续 10 年稳定盈利，您觉得其中的关键是什么？

刘锡斌： 首先，**人才的稳定非常重要，因为人才的稳定决定了业绩的稳定，人才的优秀决定了业绩的卓越**，我们公司一直以来非常注重高素质的研究人才和技术人才的加入，当然首先需要理念与价值观一致，共同看好私募基金与量化科技的未来发展。公司十几个合伙人当中，有八个是志同道合、能力互补的理工科同学，所以团队很稳定，因此我们团队从 2010 年开始组建，没有核心人才流失，很稳定，目标一致，让我们在量化 CTA 行业中保持一定的竞争力。还有，**我们只专注于我们擅长的量化 CTA 领域**，公司发行的二十多个产品全部是量化 CTA 策略的产品，因为我们深刻知道团队的人才结构、能力与优势是在量化 CTA。

问题 2： 宏锡基金主要采用哪些交易策略，各自的特点是什么？

刘锡斌： 公司量化交易策略主要以多策略、多品种、多周期展开，尽最大限度捕捉多个品种的交易机会与分散投资组合风险，拥有过百套量化策略，主要类型有趋势跟踪策略、量化波段策略和对冲套利策略：

a. **趋势跟踪策略：** 主要运用多种趋势跟踪量化模型，捕捉每个品种的大趋势盈利机会，策略偏向于中长周期，品种普适性较强。

b. **量化波段策略：** 根据不同品种的波动率和流动性等个性化规律，配置个性化的量化策略，策略偏向于中短周期。

c. **对冲套利策略：** 根据产业链内品种之间的相关性，进行跨品种对冲交易。

问题3：宏锡自成立以来以其优异的业绩表现获得了包括七禾基金奖在内的多个行业权威奖项，您觉得宏锡的核心竞争力在哪里？是否具备长期持续盈利的能力？

刘锡斌：宏锡的核心竞争力：第一，专注量化CTA，工匠精神，认真做好一件事，2009年至今从未投资过股票，只做期货量化交易；第二，以业绩为导向，保持每年正收益，团队连续10年稳定盈利，年均收益率20%～30%左右，半年以上的产品皆获得正收益，没有一年发生亏损，而且公司管理规模每年都有良性的增长；第三，公司自主研发的智能交易系统，是基于"大数据＋智能科技"的量化投资解决方案，全自动程序化交易，不需人工干预，有丰富的算法模型和机器学习应用；第四，近20家知名证券期货公司白名单与种子基金跟投；第五，公司团队在2010年开始组建，团队稳定，扎根于中国市场。

问题4：宏锡基金的投资理念中强调"数据说话"，原因是什么？在实际交易过程中，又是如何来运用"数据说话"这个理念的？

刘锡斌：我们坚持"数据说话"，是因为**我们是量化机构，所有决策必须以数据为导向，包括策略模型构建与业绩归因等**。我们每个季度会对所有策略进行归因，并通过数据说话对策略进行末位淘汰与权重微调。同时会加强策略组合的风险论证，及时根据市场结构现状作出策略调整。**我们对策略模型评判标准都是以数据说话，主要的数据指标是收益风险比、最大回撤、夏普比率和索提诺比率。**

问题5：在量化CTA并不好做的2017、2018年，宏锡基金也照样录得了正收益，给投资人带来了稳健的回报，这是如何做到的？

刘锡斌：因为我们公司**坚持品种分散、策略多元化、严格风控**，所以在2017年和2018年相对不好做的年份，也能有稳健收益。

问题6：很多投资者认为量化就代表了低风险低回报，您是否认同？您觉得量化交易面对的最大风险是什么？量化交易又是否能够实现低风险高回报？

刘锡斌：市场上也有一些高风险高回报的量化产品，因为期货交易是自带杠杆，如果适当提高杠杆率，收益也是很可观的，当然盈亏同源，风险也相应放大了。**量化交易中最大的风险是政策风险和市场风险**，其中，政策风险指的是某个品种的限制措施等，市场风险指的是市场波动风险和策略同质化风险。某些高频策略可以实现低风险高回报，当然策略容量有限。

问题7：您以技术分析为主，近两年通过基本面获得不错收益的机构也不断涌现，有的机构也可以研究基本面的量化，您怎么看待基本面在量化中的应用，未来会考虑采用吗？

刘锡斌：基本面量化是量化策略中的一个方向，我们公司也在研究中，关键在于数据获取的准确度与时效性。

问题8：您曾表示把股指期货(金融期货)当作您的儿子，商品期货当成您的女儿，随着股指期货近两年来逐步解禁，您在交易的过程中是否会有所偏重？

刘锡斌：最近监管层对衍生品发展有明显的改观态度。**股指期货逐步恢复，这对于量化CTA来说是一个极大的利好政策**，因为股指期货与商品期货互补性强，是一个能提高基金收益风险比的好品种。如果股指期货的流动性逐渐提升，我们会逐步提高股指期货的权重，这是我们公司的强项。

问题9：宏锡目前以中长周期趋势跟踪为主，有些人认为在未来，大周期的、逻辑简单的交易策略将越来越难赚钱，对此您怎么看？

刘锡斌：最近两三年波动率在不断下降，中长周期的趋势跟踪策略收益率的确在不断下降，但**我们相信未来波动率会逐步提高，将有利于大周期的交易策略**。

问题10：宏锡目前基本覆盖了大部分品种进行交易，而有些量化交易者可能会针对个别品种专门开发策略，对此您怎么看？您如何看待策略的普适性？

刘锡斌：我们坚持品种多元化，是为了预防某个品种可能出现黑天鹅事件或极端行情时对净值产生较大的波动影响，**我们追求的是稳定盈利，而不是短期暴利，慢就是快！**如果一个策略对大部分品种有普适性，那这个策略的有效性越高，生命周期越长。

问题11：在交易策略的设计中，不同的期货品种仓位和资金的分配是以什么作为依据的？如果遇到一些特殊行情，是否会调整策略的仓位配比？

刘锡斌：公司量化交易分配权重主要取决于品种的流动性与波动率，我们每个季度会对所有策略进行归因，并通过数据说话对策略进行末位淘汰与权重微调。

问题12：随着国内市场的不断完善，2019年也推出了不少商品期权品种，宏锡基金在期权策略上是否有所研究？在产品配置上会做什么样的规划和安排？

刘锡斌：我们一直重视期权策略的研究，这将有效提高投资组合互补性和产品容量。我们预计在2020年上线期权策略的实盘交易，并根据实际流动性调整策略权重，相信期权未来有很大的发展空间。

问题13：量化机构的不断增加也使得市场上一些好策略由于同质化失效得更快，面对这样的问题，宏锡会如何解决？

刘锡斌：我们会持续跟踪策略的表现与不断开发新策略，我们一直认为策略会有一定生命周期的，策略要不断地以经验为基础进行迭代，未来也将引进机器学习开发低相关性的策略。

问题14：宏锡基金的盈利来源中也包含现货企业套期保值转嫁风险到市场的溢价报酬部分，这块是私募较少利用的投资方式，宏锡在这块主要是怎么做的？

刘锡斌：我们内部把公司看成是保险公司，把量化交易系统当成是保险精算系统，我们作为现货企业转嫁风险的对手方，适当地承担风险，相应地也获取风险报酬。

问题15：宏锡基金的稳定运营也离不开完善的风控体系，请您介绍一下公司的风控体系与标准？

刘锡斌：公司风控重点在于管理回撤风险，收益是市场给予的，要敬畏市场。我们公司的风控体系分为事前风控、事中风控和事后风控。事前风控主要是对策略组合、交易计划和头寸规模进行提前规划与仔细论证，并通过自主研发的自动交易系统限制每个品种的最大委托手数和笔数等；事中风控主要是指在交易过程中，交易部与风控部要严格监控信号出现与实际成交情况等；事后风控指突发情况出现或超出预期风险时，要采取事先制定的风险预案进行控制等。

问题 16：宏锡基金自主研发了一套智能交易系统，请您介绍一下这套交易系统的特点？

刘锡斌：公司设有量化技术部，建立了自主研发的智能交易系统，是基于"大数据＋人工智能"的量化投资解决方案。该系统是运用 Python 和 C++ 等语言与工具的组合，是过去多年积累的策略研发优势与技术能力形成的平台，具有严谨的科学性与人工智能特性，构建大概率的策略体系进行程序化自动交易，不需人工干预。整个智能交易系统包括数据系统、回测系统、算法交易系统、风控系统和归因系统。

问题 17：随着去年末中美贸易战的暂时停止，国内经济环境的向好，A股市场走出了一波较为强势的反弹，重新站上 3100 点（1 月 7 日），多数业内专家也对 2020 年的 A 股市场给予较好的预期，宏锡是否会配置股票？

刘锡斌：我们交易团队从 2009 年到现在从来没有投资过股票，我们的强项在于量化 CTA，相信术业有专攻，因为团队很熟悉国内期货品种的习性，开发的策略也能适应于大部分的市场环境，未来五到十年也不会考虑配置股票。

问题 18：您曾在 3 年前接受七禾网采访时提出要保持"工匠之心"，就当前金融产业大融合的环境下，是否还将继续保持"工匠之心"，如何来做到？

刘锡斌：市场环境越竞争越恶劣时，越考验机构的专业能力，所以要专注于自己擅长的领域并不断提升。我相信这个大道理很多人都明白，但是在浮躁急躁的金融市场中，很多人看到别人交易风格的业绩在某个阶段表现很好时，都手痒，想延伸过去，而没有想到自己团队是否具备这方面的竞争力。

问题 19：您在第十届蓝海密剑对冲基金经理公开赛取得了优异的成绩，作为国内持续时间最长、专业化机构参与最多的大赛之一，您眼中的蓝海密剑大赛是怎么样的？十余年的持续赛程，您对大赛又有什么期许？

刘锡斌：我眼中的蓝海密剑大赛是行业内最专业的期货实盘大赛之一，祝愿大赛越办越好，我相信我们公司会成为其中的寿星，陪伴着大赛一直进行下去。

问题20：从您蓝海密剑的参赛账户中我们发现净值在不断攀升的过程中，也有过多次较大幅度的震荡，主要是什么原因造成的？您接受这样的振幅表现吗？

刘锡斌：净值大幅度震荡主要源于大部分品种处于阶段性的震荡行情，这对于净值是一个考验，特别是趋势跟踪策略。公司能接受这样的振幅表现，因为我们觉得公司的回撤控制相对于同行平均水平较优，净值创新高速度也较快。公司量化策略库在未来会不断改进，将更加适应市场，净值表现将更加稳定。

问题21：随着市场的不断发展，国外部分机构已经开始把人工智能应用到交易领域，国内也有不少机构开始研究一些创新策略，宏锡深耕量化领域多年，对这一现象如何评价？是否也在进行创新策略的研究？

刘锡斌：我们公司现阶段也在运用一些机器学习的库，还处于AI人工智能的初级阶段，但是**我们团队是非常看好AI与量化交易的结合，能提高研究效率与挖掘低相关性的策略**。

问题22：近几年是国内量化发展的爆发期，许多量化机构脱颖而出，规模也成倍增长，您如何看待量化在国内资本市场的发展？您对量化的未来如何看？

刘锡斌：随着监管放松与创新品种越来越多，量化在未来的空间一定是非常大的。我们公司专注量化CTA，但无论哪一类大类资产，客观是存在大年和小年的，近几年看CTA的发展，2015年和2016是大年，收益率普遍较高，但到了2017年开始在这近3年的时间，收益率下降，我觉得现在的波动率虽然是持续在低位中，但是波动率会有一定的周期性，未来量化CTA的机遇应该大概率是变好的，也许是多种策略类别的叠加，而并不只是趋势跟踪单一策略。

问题23：宏锡基金的良好表现也离不开整个团队的付出，请您介绍一下宏锡基金的团队以及分工？

刘锡斌：公司设量化研究部、量化技术部、合规风控部、量化交易部、基金运营部、综合管理部等部门，共 11 人。量化研究部有 4 人，负责大数据管理、交易策略研究、策略组合与风险量化的研究工作；量化技术部有 3 人，负责量化技术系统的开发与维护运营，建立自动化交易平台、算法交易、风险管理系统化和办公自动化工作。合规风控部有 1 人，负责基金公司的风险量化与控制，构建投资风控体系，监督交易的委托成交与总头寸，基金公司的合规运作。量化交易部有 1 人，负责监督公司自主研发的交易系统的正常下单与反馈。基金运营部有 1 人，负责基金产品的立项、发行、备案、申购和赎回等基金合规运行。综合管理部有 1 人，负责公司财务规划、日常财务工作管理、人事行政管理工作和内部制度建设。

问题 24：宏锡对于未来有何规划？您希望宏锡基金在客户心目中是一家怎样的投资公司？

刘锡斌：公司未来还将专注于量化 CTA 方面的投资，我们将会在量化 CTA 领域做到极致，向国际上著名的 CTA 龙头 Winton 元盛公司学习，致力于成为中国最专业最稳健的量化 CTA 基金之一。

红妤：生活不只有期货交易，幸福也不只关乎金钱

(2020年1月11日 刘健伟访谈整理)

红妤

女，成都人，毕业于西南财经大学经济系，曾担任英国伦敦上市公司财务总监，20年金融从业经验，11年商品期货交易经验。近几年平均年化收益达80%左右。第十届蓝海密剑中国对冲基金经理公开赛晋衔奖，"中校"头衔；第十三届全国期货实盘交易大赛基金组优秀奖，同时荣获最佳工业品交易优秀奖。参赛昵称：这个杀手不太冷。

精彩观点：

对市场的敬畏之心是在市场中长期生存的关键。

认识到自我的局限，就会在犯错误的时候，及时停止。

相对于股票市场，期货市场具有多空双向机制、保证金机制，策略比股票更加灵活。

这个世界本来就是充满风险的，风险与收益相伴，拥抱和管理风险，就拥抱了收益。

女性优势是擅长沟通，擅长合作，擅长团队作战。

在交易中，更多的是谦卑、敬畏、忍耐这些优秀的品质。

期货和现货是互相影响的关系，不要割裂来看。

只要交割制度合理，法律法规公开透明，期货与现货价格在交割日会趋于一致。

我们需要的是判断一些信息的真假和这些信息的有效性，以及在行情中起到的作用。

我建议普通投资者离开所有的金融市场，离开所有不熟悉不专业的领域。如果你想成为专业的投资者，欢迎你长期坚持调研，长期坚持研究，成为专业以后，盈利是自然的结果。

投资者更多的是要建立系统的决策框架，这样，在框架中判定供求关系的性质，运行的逻辑，最终再决策是去是留。

人的行为具有理性和非理性的成分，有时犯错，有时英明，有时远见，有时短视，有时狂妄，有时消沉。这就构成了整个市场的整体画像，我们深处其中，又要超然于外，保持清醒独立。

如果以后人工智能可以自主判定市场条件发生变化时，我们会考虑人工智能交易，而不是简单的量化交易。

在相当长的时期，我们还会坚持基本成熟的主观交易。

有些期货品种波动大，是因为现货市场非常成熟，竞争充分，现货报价本来就波动大，这是正常现象。

（农产品）由于看天吃饭的特性，还容易出现比较大的供求失衡，所以也是我们的关注和交易对象。

随时准备迎接失败，才不会真的失败。

我们对自己的错误像"杀手"一样冷酷无情。"杀手"也代表技术高超和专业，但我们是要做个有温度的高手。

我们的生活不只有期货交易，我们的幸福也不只关乎金钱。

团队小一点是好事情，因为团队的战斗力更加重要。越是艰难险阻，越能锻炼队伍。

2020年是有一些机会的，国内国外都要发力经济增长，对商品期货是个不错的环境。

问题1：您好，感谢您在百忙之中与七禾网、东航金融深度对话。您2005年就进入了资本市场，如今已经有15个年头了，作为市场"老兵"，您觉得能够长期生存在市场中的关键是什么？

红妤：对市场的敬畏之心是在市场中长期生存的关键。因为必须承认我们都是人，无论是什么样的策略，都是由人制定出的策略；我们既然是人，会犯错误是我们的本质特征之一。造物主给我们的眼睛就是只能看到前面，看不到后面；给我们的鼻子也没有给狗的灵敏，因此我们是有局限的。**认识到自我的局限，就会在犯错误的时候，及时停止**。反之，因成功而骄傲自大，就会自取灭亡。

问题2：您在2008年开始做期货，当时选择期货的原因是什么？您觉得期货市场与证券市场最大的差别在哪里？

红妤：2008年是股市从6124点回落转熊的一年。在这个时候，我开始思考，在股市熊市中，有什么更好的投资渠道。**相对于股票市场，期货市场具有多空双向机制、保证金机制，策略比股票更加灵活**。同时，期货市场涉及很多商品，走势是多种多样的，这就为我们在股市不好时提供了更多的策略选择。所以当时选择了期货市场。

问题3：您曾任英国伦敦上市公司的财务总监，这在常人眼中可以算是"金饭碗"了，为什么会跳出这个圈子而进入伴随着巨大风险的资本市场？

红妤： 性格？一方面吧，有的人喜欢"金饭碗"，有的喜欢挑战。我大概喜欢后者。另外，这个世界本来就是充满风险的，风险与收益相伴，拥抱和管理风险，就拥抱了收益。

问题4： 作为资本市场少有的女性交易员，您觉得与男性相比，女性交易员具备的优势与不足在什么地方？

红妤： 女性优势是擅长沟通，擅长合作，擅长团队作战。女性的不足，就是需要考虑的方面多些吧，哈哈，这其实也算优点吧。

其实不要太纠结于性别差异，在交易中，更多的是谦卑、敬畏、忍耐这些优秀的品质，男性和女性都可以共有。

问题5： 市场上关于期现的争论一直不断，到底谁主导谁、谁影响谁有不同的声音，在您的理解中，期货和现货就是狗与绳子的关系，能否解释一下为什么您这样理解。

红妤： 期货和现货是互相影响的关系，不要割裂来看。期货是远期的现货，现货是正在交割的期货，大家都是货。在参与者充分的期货市场，期货影响现货多些；参与者不充分的期货市场，现货影响期货多些；无论如何，只要交割制度合理，法律法规公开透明，期货与现货价格在交割日会趋于一致。

问题6： 从您对期现的理解中也看出您对基本面有较深入的研究，近两年基本面分析随着几位大佬的出彩表现也成了行业主流，以您的经验来看，如何做好基本面研究？主要要关注哪些基本面的信息？

红妤： 做基本面研究是研究员的强项，我不擅长，而且目前市场上大部分资深研究员的水平都很高，作为交易，我们需要的是判断一些信息的真假和这些信息的有效性，以及在行情中起到的作用。

问题7： 对近期期货圈比较热的基本面调研活动您怎么看？对普通投资者来说是否有益处？您是否会参与？

红妤： 基本面调研活动很好，对普通投资者迈向专业投资者是有益处的，但不一定马上让普通投资者赚钱。一两次的调研，可能让普通投资者赚钱，也可能让普通投资者亏钱。真诚来说，我建议普通投资者离开所有的金融市场，离开所有不熟悉不专业的领域。如果你想成为专业的投资者，欢迎你长期坚持调研，长期坚持研究，成为专业以后，盈利是自然的结果。

问题8：有时候供求关系体现到期货市场没有那么快，甚至可能会出现一些偏差，这种情况下应该如何来进行操作应对？

红妤：供求关系是影响期货市场的一方面，是主要因素，不是完全的因素。所以，**投资者更多的是要建立系统的决策框架**，这样，在框架中判定供求关系的性质，运行的逻辑，最终再决策是去是留。

问题9：您之前的财务总监工作对数字一定是非常敏感的，那么在交易的过程中，是否也会针对一些行情数据来做技术上的交易辅助？

红妤：会的，数据是抽象的事实，只不过如何使用，需要具体情况具体分析。

问题10：您觉得做期货不能只看价格数据，还要研究人的行为，这其实也是部分投资机构研究的课题，请您谈谈您对这个话题的理解。

红妤：国际上前沿的金融学家已经在研究行为金融学，我们更多的是等待他们的研究成果。就我们简单地理解，人的行为具有理性和非理性的成分，有时犯错，有时英明，有时远见，有时短视，有时狂妄，有时消沉。这就构成了整个市场的整体画像，我们深处其中，又要超然于外，保持清醒独立。

问题11：随着市场的不断发展，量化交易逐渐成为团队和机构的主流，您目前还是主观交易为主，您对量化交易怎么看？未来是否会考虑应用？

红妤：量化交易有其执行上的优势。但是目前我知道的量化交易，大多还是基于主观策略衍生出来的。根据有限的历史数据统计进行交易，容易在市场条件发生变化的时候失效；主观交易在缺少自律的条件下容易闯祸；优点是能够更快知道哪些市场条件变化了，是否需要调整策略。如果以后人工智能可以自主判定市场条件发生变化时，我们会考虑人工智能交易，而不是简单的量化交易。在相当长的时期，我们还会坚持基本成熟的主观交易。

问题12：您主要做黑色品种，选择品种的依据是什么？

红妤：选择品种主要依据的是波动性，还有市场参与范围要广，成交量要大，交易规则不轻易改变。

问题 13：近两年黑色系品种的波动较为剧烈，经常会出现大涨大跌的行情，您觉得形成这种行情的主要原因是什么？您在交易过程中，面对类似的大涨大跌行情会如何应对？

红妤：期货和现货是互相影响的关系，有些期货品种波动大，是因为现货市场非常成熟，竞争充分，现货报价本来就波动大，这是正常现象。面对大涨大跌的行情，我们还是依据我们的策略决策，做好风险控制，其他不会太当回事。

问题 14：农产品价格受基本面影响也比较大，对农产品您有什么样的研究吗？

红妤：农产品的基本面研究比较确定，国内外都有权威的数据统计。由于看天吃饭的特性，还容易出现比较大的供求失衡，所以也是我们的关注和交易对象。

问题 15：您以中长线为主，那么刚才提到的品种大波动行情下，您的长周期持仓是否会因此进行调整，做出一些加减仓的动作？如果有，依据又是什么？

红妤：对不起，我们会根据波动进行加减仓，但如何加减仓涉及我们具体的交易策略，这是"秘密剑法"，目前是保密的。

问题 16：在判断明确的行情趋势后，是否会做一些短线交易来增强利润？

红妤：不会做短线增强利润，人不可能赚遍全世界，我们也没有长短通吃的水平，赚自己擅长的那部分就够了。

问题 17：我们从您蓝海密剑的参赛账户中发现，2019年上半年您的账户曲线振幅较大，主要是做了哪些行情？这样的净值波动符合您交易策略的预期吗？

红妤：基本符合预期。但是我们从来都做好了不符合预期的准备。随时准备迎接失败，才不会真的失败。

问题 18：您在近几年参与了多个实盘大赛，也都取得了不错的成绩，已经举办了十一年的蓝海密剑大赛是国内持续时间最长的赛事之一，您在参赛过程中有什么感悟,对蓝海密剑大赛有什么期许?

红妤:感谢大赛为广大期货人提供了一个展示的平台,促进了行业交流,也提高了市场的科学性、有效性。希望蓝海密剑越办越好。

问题 19:您的参赛名也很有意思——"这个杀手不太冷",在您眼中的期货市场是什么样的?作为"杀手",应该如何立足?

红妤:这个"杀手"主要是针对自己。我们对自己的错误像"杀手"一样冷酷无情。"杀手"也代表技术高超和专业,但我们是要做个有温度的高手。因为我们的生活不只有期货交易,我们的幸福也不只关乎金钱。所以,有温度的高手,可以给身边的朋友们带来祝福,给市场带来正能量。如果你成为众人的祝福,众人就期望你在这个市场中立足。反之,若靠一点点技术就得意忘形,上帝就会让你"灭亡"。

问题 20:在机构化的洪流下,您目前也是小团队作战,请您介绍一下目前的团队情况以及未来的发展与规划?

红妤:在我们看来,团队小一点是好事情,因为团队的战斗力更加重要。对于我们来说,长征中的红军,是我们永远学习的榜样。**越是艰难险阻,越能锻炼队伍**。什么时候,我们开始追求大团队了,就是我们最容易犯错的时刻,除非我们的团队已经达到了像延安时期的八路军一样的组织能力、战斗能力,否则总要告诫自己不要贪大求快。

问题 21:访谈的最后,也请您谈谈您对 2020 年行情的基本判断。您的团队将会做怎么样的布局?

红妤:从目前的环境来看,2020 年是有一些机会的,国内国外都要发力经济增长,对商品期货是个不错的环境。但这些机会也是随着全球宏观政策在动态调整的,如果出现与市场预期不一致的机会,我们也会重点关注,所以应该说,我们是个动态的响应过程。

叶海兵：兵贵神速，谋定而后动

（2020年1月13日 翁建平访谈整理）

叶海兵

深圳海兵投资CEO，职业期货交易6年，稳定赢利4年，自创"墙头草交易法"，曾创下单月收益6.5倍的交易记录，荣获第十届蓝海密剑中国对冲基金公开赛晋衔奖。

精彩观点：

如果你不是真心喜欢和热爱这个行业，在收盘后多下些功夫，你很难发现这涨跌背后的逻辑与规律。

不用天天交易，不用天天都有仓位，一定要学会停下来，停下来不是不做，而是为了做得更好。

兵贵神速，谋定而后动。

如果平时不做功课，纯靠消息来做交易那是相当危险的。

能够多年盈利的秘诀是等待和坚持！

坚持顺势交易很多人能做到，但往往不能获大利，其根本原因在于他坚持了顺势交易，但不能将交易持仓坚持下去。

我们是小资金交易，要想让收益较大化，就要求我们要做市场中的弄潮儿，潮涨我做多，潮落做空，一波一波地参与。

止损是成功的前提，一个交易者必须学会，并且内化于你的交易系统，如果没有这个底线，你不可能走上职业化的道路，我的设置就是：我进场的理由被确定打破了就止损。

问题1：叶总您好，感谢您在百忙之中与东航金融、七禾网进行深入对话。首先恭喜您操作的账户获得第十届蓝海密剑中国对冲基金公开赛晋衔奖，请您谈谈对本次比赛的心得。

叶海兵：谢谢！要说心得体会，最重要的聊两点吧。

一是真的要发自内心喜欢和热爱这个行业，这样成功的概率会大一点吧！

期货这个行业是很有诱惑力的，每天涨涨跌跌的，做对方向就有盈利，这让每一个参与期货交易的人容易产生一种错觉，我马上就要赚大钱了，我已经离成功很近了，成功已经在和我招手了，但真的长期做下来，大家都知道，想长期稳定赢利真的很难。如果你不是真心喜欢和热爱这个行业，在收盘后多下些功夫，你很难发现这涨跌背后的逻辑与规律。正所谓"功夫在诗外"，所以收盘后的复盘与分析得失，就显得很重要，许多人收盘后就下班了，这是不可取的，要真正喜欢和热爱这个行业，你才会自觉不自觉地去学习、分析、感悟，为下一步的交易做好准备。

二是要学会"止"——停止的止，我们公司交易理念中有一句话叫"知止方有得"，知道停下来，最终我们才能有所收获。不用天天交易，不用天天都有仓位，一定要学会停下来，停下来不是不做，而是为了做得更好，这就要求我们必须要有所放弃，不要看到有机会都想冲进去，这样可能最终会适得其反，我们要等待符合我们交易系统的机会，当然出现了，就要马上行动，我们停下来就是为了等更合适更确定的机会；另外这个"止"还表示我们在做交易中要适时止盈和止损，以保护我们的赢利，做到最终有所收获。

问题 2：您是什么时候开始进入金融投资行业的？在进入之前，您是从事什么工作的？为什么会有这样的转型？

叶海兵：2013 年，之前是深圳观澜富士康工厂的模具技工，也是属于技术类，静心设计画图那一类的。平时下班后，就会关心一下股票，也是因为兴趣，就开了户买了点。当时的资金也是有限的，都是工资收入攒起来的，也就是万元左右，股票又是 T+1 和设涨跌板的，做了一段时间，有了一点点小收入，后来发现还有期货这个投资市场，是 T=0 的，就去开了个户，用手里的一点钱开始交易，慢慢发现这个市场更适合我，于是一门心思开始研究这个市场了。后来起起落落，亏亏赚赚，积累了很多经验与教训，慢慢形成了一套自己的交易方法，基本上能做到靠这个生活了，相比在厂里的工资收入高了不少，再后来就辞职做了个小工作室，以交易为职业，一个人到两个人、三个人、四个人……一路走到了现在，我们就成立了海兵公司的交易团队了。

至于转型原因，还是因为热爱这个行业，我一直关心财经，喜欢研究大宗商品在全球的流通，包括产地、需求和供给、中间环节以及一些不确定因素，我认为这很有意思，当然也想通过交易看看是否可以获得更多收入，改善自己的经济状况。

问题 3：在您 6 年的期货交易里，您最大的感悟是什么？

叶海兵：兵贵神速，谋定而后动。

前面我也说过，我们很多时候是要停下来，其实是在等机会，等更好的时间入场点；而兵贵神速，就是机会真的出现了，我们必须马上做出反应，立即按计划入场，这就要求我们做职业交易的人要有一颗敏感的心，对市场要敏感，第一时间要有感知，要做到"静如处子，动如脱兔"，**我们要对期货**

市场的信息保持零距离，因为一般情况下，由于消息的不对称性，基本面消息到我们手中时已经有所延迟，这就要求我们马上做出研判，**如果平时不做功课，纯靠消息来做交易那是相当危险的。**如果我们提前已做了这方面的研究与计划，谋定而后动，只是等基本面提供的消息来印证我们的技术分析，有点像一个有经验的医生，他看病人其实心里已经有数了，知道是什么病了，但他还是会让你去化验，确定一下他的判断，我们也是一样的，能做到这样，就可以达到胜率高，大概率获利。当然还有一种情况，就是本身我们持有仓位，也是有盈利的，突然盘面向相反方向急剧变化，出现了对我们不利的市场消息，这也要求我们要兵贵神速，马上离场，保护赢利；先离场空仓，观望再来确认。

问题 4：您表示 6 年交易里有 4 年是盈利的，请问您觉得能够多年盈利的秘诀在哪？

叶海兵：能够多年盈利的秘诀是等待和坚持！

等待，其实前面我聊得不少了，这里重点说一下坚持。

第一，**最重要的坚持是等待**，大家不要以为我在搞绕口令，不是的，真的，在期货交易中，最难坚持的是等待，很多交易者交易系统有了，但就是不愿意等符合自己交易系统的入场时点，等不下去了，提前进场了，结果可能很折腾或者止损离场，进一步破坏自己定下来的等待期。坚持等待，是需要定力的。

第二，**坚持顺势交易**，这个很多书和交易高手都谈到过，不再探讨，我想谈的是第三点。

第三，**坚持已经持有的顺势交易**。坚持顺势交易很多人能做到，但往往不能获大利，其根本原因在于他坚持了顺势交易，但不能将交易持仓坚持下去，一个小波动，小回调，他就离场了；虽然坚持了顺势交易，却并没有让"利润奔跑起来"，更别谈复利加仓了，只吃了个"鱼头"。这样盈亏比做得不好，也很难有大的收获的。

第四，不要在错误的路上坚持，我指的就是"死扛"，这种错误一次就会将你的账户打爆。

问题5：您自创了一套交易方法叫"墙头草交易法"，请问为什么叫"墙头草"？这个方法有哪些特点？

叶海兵：这是我们给这套系统的形象说法。俗话说：墙头草，两边倒，期货交易中大部分的品种不太可能出现一边倒的情况，除非出现了极度错配。一般情况下，我们既不能"死多"，也不能"死空"，我们是小资金交易，要想让收益较大化，就要求我们要做市场中的弄潮儿，潮涨我做多，潮落做空，一波一波地参与。像墙头草一样，两边都参与。风向为多，参与多为主；风向为空，参与空为主，此外，还要分析风力以便确定参与的程度。

当然，做人可不能当墙头草啊！

问题6：关于交易周期，短线、中线、长线，在您的交易方法中是如何配置的？哪种周期在您的交易过程中发挥了最重要的盈利效果？

叶海兵：目前我还是以隔夜波断为主的，以后随着资金的增长再来合理化配置其他交易周期。

问题7：您擅长对期货商品基本面的分析，请问您的基本面信息主要来源于哪些途径？

叶海兵：公共渠道、专业数据网、行业资深博主，还有门户网，比如和讯，还有咱们的七禾网。当然要想这些信息的来源更准确、更提早一些，以后也会和一些舆情公司合作，达到交换数据，掌握最新动态，更好地为我们交易服务的目的。

问题8：基本面分析在您的交易体系中主要起到哪些作用？该怎么和技术分析相结合？

叶海兵：主要还是印证，我们是技术分析为主的。

问题9：2019年，您主要参与了哪些品种交易？一般您是如何选择交易品种的？

叶海兵：贵金属、能化和农产品，以自己研究的板块为主。

问题10：选择方向是交易成败的关键，而您对未来商品趋势预判比较准确，您的预判主要基于哪些条件？

叶海兵：技术分析，形态走出来了，盘面告诉我方向，我只做空间上推测与展想，顺便关注基本面，印证多空方向与技术分析是否一致。

问题 11：资金的安全性永远都是第一位，良好的仓位控制可以有效地降低投资风险，那请问您的仓位是如何设置的？一般在什么时候加减仓？

叶海兵：这要看自己的功课做得深不深，如果确定性较好，首次入场的仓位可适当多点；如果把握相对较弱些，就仓位轻点；总之，这不是特别固定。加仓，肯定是顺势盈利加仓；减仓就会有亏损减与大幅盈利减仓。

问题 12：止损可以说是交易者必须坚守的原则性的底线，您怎么看待止损，一般如何设置？

叶海兵：止损是成功的前提，一个交易者必须学会，并且内化于你的交易系统，如果没有这个底线，你不可能走上职业化的道路，我的设置就是：我进场的理由被确定打破了就止损。

问题 13：很多交易者非常重视交易计划，您是否也会做交易计划？一般包含哪些内容？

叶海兵：会，重点是方向、仓位，出现了有利和不利时的应对手段。

问题 14：2019年可谓是"期权之年"，不仅商品期权大扩容，股指期权也顺利推出，期权对交易者来说是个怎样的工具？海兵投资在期权板块有没有参与？

叶海兵：暂时没有参与，先做好期货。

问题 15：海兵投资除了参与期货投资，股票投资也参与，请问2019年都布局了哪些板块？业绩怎么样？

叶海兵：偶尔，今年小布局了热门的科技股、资源股，像京东方A、华友钴业，小有收益，不是我们的重点，我们的绝大部分精力都在期货交易上。

问题 16：对2020年的投资机会，有些私募认为商品期货投资机会大于股市投资机会，海兵投资比较看好哪个市场？为什么？

叶海兵：目前还没有规划，春节后就清晰了。

问题 17：目前，市场上有各类期货实盘大赛，就您看来，蓝海密剑期货实盘大赛跟其他大赛有没有区别？您为什么选择参加本次大赛？

叶海兵：权威性、持续性与成长性，当然还有我们的缘分。

蓝海密剑中国对冲基金经理公开赛 1~11 届获奖名单

第一届蓝海密剑期货实盘大赛第一赛季（见龙在田）
（2008年9月1日至2009年2月28日）获奖名单

A 组赛季收益率排序

排名	选手名称	单位净值	奖金（万元）
1	做期货的	4.30084	8
2	stockman	1.96419	5
3	寇比欧	1.62964	5
4	gaofengguo	1.57022	2
5	ooeight1	1.52331	2
6	st大豆	1.43387	2

B 组赛季收益率排序

排名	选手名称	收益率	奖金（万元）
1	王向洋	5474.92%	5
2	fhwcy	1090.97%	2
3	期海垂钓	850.38%	2
4	hendry118	724.35%	1
5	格老要我出山	584.01%	1
6	erliu	467.81%	1

最佳流动指标排序

排名	选手名称	流动指标	奖金（万元）
1	hendry118	112069.78	1

第一届蓝海密剑期货实盘大赛第二赛季（飞龙在天）
（2009年3月1日至2009年8月31日）获奖名单

综合总冠军

排名	选手名称	综合总指标	奖金(万元)
1	做期货的	9.0	20

A组赛季收益率

排名	选手名称	单位净值	奖金(万元)
1	gaofengguo	1.93545	8
2	郑加华	1.90620	5
3	陈默	1.78491	5
4	淡然我素	1.75573	2
5	做期货的	1.62154	2
6	erliu 单位净值	1.53883	2

B组赛季收益率

排名	选手名称	收益率	奖金(万元)
1	mingzi	1175.54%	5
2	邵杰	618.21%	2
3	夜色	499.81%	2
4	凌波微步	338.38%	1
5	ziyan	325.61%	1
6	不败在己	235.35%	1

最佳流动指标

排名	选手名称	流动指标	奖金(万元)
1	gaofengguo	98.83 亿元	1

第二届(2009—2010)蓝海密剑期货实盘大赛获奖名单

荣誉勋章

排名	资产账号	选手名称	单位净值	奖金(万元)
1	8580156	期货梦想	37.67	15
2	8580305	溪水潺潺	13.27	9
3	8515837	梁任	10.75	6

三军杰出奖章

奖励类型	奖项说明	资产账号	选手名称	单位净值	奖金(万元)
导弹部队杰出奖章	导弹部队未获荣誉勋章选手收益率第1名	8515252	郑加华	7.03	5
空军杰出奖章	空军未获荣誉勋章选手收益率第1名	8510905	lmgctt	4.55	4
海军杰出奖章	海军未获荣誉勋章选手收益率第1名	8510113	freezegogo	2.46	3
陆军杰出奖章	陆军未获荣誉勋章选手收益率第1名	8580187	宁静致远	7.40	2
预备役杰出奖章	预备役未获荣誉勋章选手收益率第1名	8510723	judychoo	7.75	2
机枪手杰出奖章	机枪手特战营未获荣誉勋章选手收益率第1名	—	—	—	—
远征军杰出奖章	远征军未获荣誉勋章选手收益率第1名	8580901	sche	5.46	1

注:因机枪手军种参赛人数少于10人,根据大赛规则规定取消该军种杰出奖章。

功绩勋章

排名	资产账号	选手名称	盈利额	动态奖金（万元）
1	8515252	郑加华	3017390.65	15
2	8510618	做期货的基金	2902944.98	7
3	8515878	niweigeng1	2860329.21	3

快速反应勋章

奖励类型	奖项说明	资产账号	选手名称	成交金额	奖金（万元）
快速反应一等勋章	成交金额第1名	8515123	h2o740405	22220246910	10
快速反应二等勋章	成交金额第2名	8580121	北冥有鱼，其名为鲲	7511619095	5
快速反应三等勋章	成交金额第3名	8510208	walkfish	6960987485	3

后备战地指挥官

排名	资产账号	选手名称	奖金（万元）
1	8515252	郑加华	15
2	8510618	做期货的基金	15
3	8580156	期货梦想	15
4	8580305	溪水潺潺	15
5	8580049	ST大豆	15

高地军旗手

奖励类型	资产账号	选手名称	奖励说明	记录值	奖金（万元）
月度记录高地军旗手	8515878	niweigeng1	2010.8.9—2010.9.6打破此前比赛321.72%月度收益率记录	344.50%	3

晋衔奖

排名	盈亏额	军衔	单位净值	资产账号	选手名称	奖金（万元）
1	18349106	上将	2.3066	8666677	温州在握投资1号	—
2	10628092	上将	2.3458	8666635	温州在握投资3号	—
3	3017391	少将	7.0348	8515252	郑加华	5
4	2902945	大校	2.1929	8510618	做期货的基金	3
5	2860329	大校	5.6939	8515878	niweigeng1	3
6	2662494	大校	1.1724	8800158	探索2号基金	—
7	2159626	大校	3.1596	8580049	ST大豆	3
8	1955069	上校	1.2351	8666676	温州在握投资2号	—
9	1430229	上校	37.6725	8580156	期货梦想	1
10	1378390	上校	2.2677	8515123	h2o740405	1
11	1330572	上校	3.1812	8510208	walkfish	1
12	1189895	上校	5.4647	8580901	sche	1
13	1121556	上校	2.0756	8515877	niweidong	1
14	1071188	上校	4.5468	8510905	lmgctt	1
15	1052958	上校	1.3856	8580888	镌灏投资	1
16	950792.3	中校	1.259	3000773	wuxue	—
17	896721.2	中校	2.8027	8510852	舍得	0.7
18	840172.5	中校	1.4852	8580121	北冥有鱼，其名为鲲	0.7
19	838736.5	中校	13.2705	8580305	溪水潺潺	0.7
20	823669.1	中校	2.2597	8510183	ooeight	0.7
21	808141.7	中校	1.3724	8580800	syz1236	0.7
22	762899.3	中校	4.2623	8800533	六年	0.7
23	688107.1	中校	1.7245	8510368	nxrrry	0.7
24	685257.5	中校	7.3969	8580187	宁静致远	0.7
25	625967	中校	1.3915	8801773	爱上趋势基金	—
26	556256.5	中校	1.465	8680201	睿海投资	0.7
27	548994.1	中校	4.6272	8515268	zyl7712	0.7
28	545911.6	中校	1.2518	7079000	龙行天下	—
29	510123.4	中校	2.4491	8515266	lijing868	0.7

续表

排名	盈亏额	军衔	单位净值	资产账号	选手名称	奖金（万元）
30	476250.4	少校	1.7011	8518899	mingzi	0.5
31	430638.9	少校	2.4355	8580056	久赌必赢	0.5
32	416136.1	少校	2.4576	8510113	freezegogo	0.5
33	380591.2	少校	3.3087	8830805	爱上趋势陆军部队	—
34	365928.2	少校	1.6102	8510999	9号基金	0.5
35	351533.5	少校	2.1726	8580159	wplovelm	0.5
36	343599	少校	3.5884	8830381	sampras	0.5
37	342698.1	少校	1.7092	8511977	夜色	0.5
38	315984.5	少校	3.0882	8580352	8580352	0.5
39	305659	少校	1.9807	8515691	爱上趋势空军部队	—
40	305316.7	少校	1.4115	8580216	老树	0.5

注：以上表格只发布了将官晋衔奖和校官晋衔奖，未发布尉官晋衔奖和士官晋衔奖。

第三届(2010—2011)蓝海密剑期货实盘大赛获奖名单

年度先锋勋章

资产账号	ID	排名	奖金(万元)
8680288	闪闪红星	年收益率第1名	15
DHHP2652	蓝色海岸	年收益率第2名	9
8580389	大海投资	年收益率第3名	6
8515661	凌波微步	年收益率第4名	5
8515568	猫猫猫	年收益率第5名	4
8515068	九世轮回	年收益率第6名	3
8581003	RXD集团军	集团军收益率第1名*	3
8515878	倪伟更	导弹部队收益率第1名	3
8581098	海天1号	空军收益率第1名	3
8581113	甲虫	海军收益率第1名	3
7173002	丁洪波	陆军收益率第1名	3
8515013	eprc2000	预备役收益率第1名	3
8581385	红孩儿	机枪手收益率第1名	3
DHFS3607	阿福	远征军收益率第1名	3

高地军旗手

资产账号	ID	排名	奖金(万元)
8510588	王向洋	打破比赛日收益率纪录(2次)	20
8580389	大海投资	打破比赛季度收益率纪录	10
8580199	zjl727689	打破比赛季度收益率纪录	10
8680288	闪闪红星	打破比赛季度收益率纪录	10

快速反应勋章

资产账号	ID	排名	奖金(万元)
7079000	杜小东	成交金额第1名	10
8581223	风险控制第一	成交金额第2名	6
8510208	擎天柱	成交金额第3名	3

晋衔奖

资产账号	ID	军衔	奖金(万元)
8581003	RXD集团军	中将	20+佩剑
8580389	大海投资	少将	10+佩剑
8515878	倪伟更	大校	5+佩剑
8510618	做期货的基金	大校	5+佩剑
8580049	ST大豆	大校	5+佩剑
8800533	六年	上校	3+佩剑
100001	镌灏投资	上校	3+佩剑
8515123	杜小东	上校	3+佩剑
8515659	顾伟浩	上校	3+佩剑
8510113	freezegogo	上校	3+佩剑
8515661	凌波微步	上校	3+佩剑
8580515	jane	上校	3+佩剑
7022001	樵夫	上校	3+佩剑
8580283	zijinzhilu	中校	2+佩剑
DHWW0078	sche	中校	2+佩剑
8680201	cw2006B	中校	2+佩剑
8580113	珍姐	中校	2+佩剑
8510208	擎天柱	中校	2+佩剑
8581098	海天1号	中校	2+佩剑
8580528	天行健	中校	2+佩剑
DHHP2652	蓝色海岸	中校	2+佩剑
8581016	于海飞	中校	2+佩剑
8515013	eprc2000	中校	2+佩剑
8581113	甲虫	少校	1+佩剑
8515252	郑加华	少校	1+佩剑
8510183	ooeight	少校	1+佩剑
7173002	丁洪波	少校	1+佩剑
8580352	8580352	少校	1+佩剑
8515106	zyl0717	少校	1+佩剑
8830381	sampras	少校	1+佩剑
8580216	老树	少校	1+佩剑
8519999	爱上趋势	少校	1+佩剑

注：以上表格只发布了将官晋衔奖和校官晋衔奖，未发布尉官晋衔奖和士官晋衔奖。

第四届(2011—2012)蓝海密剑期货实盘大赛获奖名单

年度先锋勋章

年度净值排名	资产账号	选手	单位净值	奖金(万元)
1	8580012	shou115	6.47	15
2	8515039	株洲老马	6.46	9
3	8582215	lfl	5.38	6
4	8580767	雪狼polar	5.07	5
5	8515025	cloudxu	4.72	4
6	DHZX8278	LOU	4.47	3

军种第一	资产账号	选手	单位净值	奖金(万元)
集团军	8510113	freezegogo	2.71	3
导弹部队	8580515	jane	4.19	3
空军	8580518	杭州尚泽投资	4.19	3
海军	8580961	tjahzgj	2.47	3
陆军	8580025	chinababy	3.55	3
预备役	8581505	惊鸿魅影	4.25	3
机枪手	8581376	一叶轻舟	1.6	3
远征军	DHZJ2009	韩柏	2.47	3
志愿军	8519999	爱上趋势	3.83	

快速反应勋章

排名	资产账号	选手	奖金(万元)
1	8510208	擎天柱	10
2	8515252	郑加华	6
3	8510113	freezegogo	3

高地军旗手

资产账号	选手	奖项说明	奖金(万元)
8580591	喜得千金	打破月收益率记录	10

晋衔奖

资产账号	选手	盈利额	原军衔	晋升军衔	奖金（万元)
8510113	freezegogo	7647421	上校	中将	17
8580515	jane	5513990	上校	中将	17
8580800	syz1236	3263572	上尉	少将	9.7
100001	镌灏投资Ⅰ	4618455	上校	少将	7
8580961	tjahzgj	2255718	上尉	大校	4.7
8580216	老树	2465711	少校	大校	4
8580666	叶小凤	2722211	中校	大校	3
8580528	镌灏投资Ⅱ	2514994	中校	大校	3
8580518	杭州尚泽投资	1333166		上校	3
7089111	长安财富1号期货基金	1041815		上校	3
8580027	a197208837	1005401		上校	3
8510999	9号基金	1133702	少校	上校	2
8830381	sampras	1026381	少校	上校	2
8580888	镌灏投资	1896243	中校	上校	1
8510208	擎天柱	1454898	中校	上校	1
8515877	东东锵	901854		中校	2
8515025	cloudxu	834474		中校	2
7208008	爱上趋势的小清新	709448		中校	2
7097067	杭州华天纸业	673179		中校	2
8580767	雪狼polar	585855	中级士官	中校	2
8580025	chinababy	505077		中校	2
8580707	xiaorong	788901	少尉	中校	1.9
8515266	风生水起	840865	中尉	中校	1.8
8515568	天降大任9.0神灵附体	557060	中尉	中校	1.8

续表

资产账号	选手	盈利额	原军衔	晋升军衔	奖金(万元)
8510822	daohun	551748	中尉	中校	1.8
7173002	丁洪波	609082	少校	中校	1
7212001	James	461055		少校	1
8510121	平恺	431103	高级士官	少校	1
8580151	wubiao888	424067	中级士官	少校	1
7151002	江南之春	392077		少校	1
7999888	融景投资	391716		少校	1
8581505	惊鸿魅影	309576		少校	1
8582191	盛夏光年	302529		少校	1
DHFS3607	阿福	469764	中尉	少校	0.8
8510212	jianke	456387	上尉	少校	0.7
8580621	段定川	347849	上尉	少校	0.7
8580108	江枫渔火	305380	上尉	少校	0.7
8515068	朱啸宇	302411	上尉	少校	0.7

注：以上表格只发布了将官晋衔奖和校官晋衔奖，未发布尉官晋衔奖和士官晋衔奖。

第五届(2012—2013)蓝海密剑期货实盘大赛获奖名单

蓝海密剑勋章(统计连续三年)

累计净值排名	资产账号	选手	单位净值	奖金(万元)
1	8515568	兵哥战无不胜	31.3084	30
2	8515231	如履薄冰	13.04178	20
3	7089071	钱丽娜	12.63057	3.6
4	8580389	东海	12.18939	8
5	DHZJ2009	韩柏	10.77296	6
6	8581382	Innova	10.00581	5

年度先锋勋章

年度净值排名	资产账号	选手	单位净值	奖金(万元)
1	DHZJ2009	韩柏	10.77	15
2	8581382	Innova	10.73	9
3	7089071	钱丽娜	10.52	1.8
4	8582259	戈灯岁月	8.92	5
5	**2325*	生煎馒头	7.50	0.4
6	8830381	[温州在握]资管团队5号	7.30	3

军种第一	资产账号	选手	单位净值	奖金(万元)
基金	100005	合顺投资IV(有限合伙)	1.69	0.9
集团军	100006	光头包1号	2.99	3
导弹部队	8581003	niweixing	3.92	0.9
空军	7021111	[温州在握]资管团队11号	2.24	3
海军	**1076*	全国第三	3.87	0.3
陆军	3000773	wuxue	6.61	0.9
预备役	8515582	aa911	5.43	3
机枪手	8581539	老裤	5.24	3
远征军	WYHH0558	haihai	1.73	3

快速反应勋章

排名	资产账号	选手	奖金(万元)
1	7089071	钱丽娜	3
2	8510113	freezegogo	6
3	100005	合顺投资 IV(有限合伙)	0.9

高地军旗手

资产账号	选手	奖项说明	奖金(万元)
DHLJ2401	凤凰	打破日收益率记录	10

晋衔奖（统计连续三年）

资产账号	选手	盈利额	原军衔	晋升军衔	奖金(万元)
8810466	种子1号基金	14512638.82	中将	上将	—
8510113	freezegogo	12876832.86	中将	上将	10
100005	合顺投资 IV(有限合伙)	12534834.17	士兵	上将	9
100006	光头包1号	8541899.98	上尉	中将	19.7
7089071	钱丽娜	7712248.71	中校	中将	5.4
8581382	Innova	6811363.98	上尉	中将	19.7
100001	合顺投资 I	5694380.4	少将	中将	10
8580800	syz1236	5186694.91	少将	中将	10
**0018*	煌昱资产	4667250.13	士兵	少将	1
8515659	顾伟浩	4495355.03	上校	少将	7
8580216	友联(中长线)	4432382.46	大校	少将	5
8580961	tjahzgj	3428357.25	大校	少将	5
8580528	合顺投资 II	3007179.42	大校	少将	5
7089111	长安财富1号期货基金	2357124.68	中校	大校	3
**0289*	持赢投资	2061091.79	士兵	大校	0.5
DHHX3902X	陆家嘴野牛	1814789.37	上尉	上校	2.7
**0035*	输缩赢冲	1705631.91	士兵	上校	0.3
**5060*	睿福投资稳健一	1639987.23	士兵	上校	0.3
DHZJ2009	韩柏	1588358.41	士兵	上校	3
**3055*	瑞雪	1493906.77	士兵	上校	0.3
**0091*	syz1236(二)	1456568.08	士兵	上校	0.3

续表

资产账号	选手	盈利额	原军衔	晋升军衔	奖金(万元)
**9057*	长安财富2号期货基金	1329482.82	士兵	上校	0.3
**0161*	紫贝壳一号	1295450.1	士兵	上校	0.3
8800533	f六年股指	1290265.53	士兵	上校	3
8580027	a197208837	1247664.8	少校	上校	2
**1076*	全国第三	1244543.03	士兵	上校	0.3
WYHH0558	haihai	1200033.07	士兵	上校	3
8515266	风生水起	1174906.34	中校	上校	1
8515877	niweidong1	1122868.54	中校	上校	1
8580707	xiaorong	1089802.87	中校	上校	1
3000773	wuxue	1040552.4	士兵	上校	0.9
**0019*	睿福投资稳健2	990107.5	士兵	中校	0.2
**0286*	吴洪涛	972080.51	士兵	中校	0.2
7309002	林朝昱	950725.35	上尉	中校	1.7
7859020	孤舟蓑笠翁	895081.39	少尉	中校	1.9
8515880	蓝色昆仑	813982.42	少校	中校	1
**0180*	嘉诚投资-康	800826.19	士兵	中校	0.2
**0109*	量化风华2号	710486.95	士兵	中校	0.2
**0266*	熊德祼辉耀	691717.4	士兵	中校	0.2
8518208	borlan	670323.31	中尉	中校	1.8
8801088	精英一号	663820.11	士兵	中校	2
**2516*	赤天龙-赢家	609587.67	士兵	中校	0.2
**2325*	生煎馒头	590363.18	士兵	中校	0.2
**0322*	i-futures	575735.67	士兵	中校	0.2
8510121	平恺	563245.59	少校	中校	1
**5018*	睿福投资激进	563243.74	士兵	中校	0.2
7293006	恶狼	523543.5	上尉	中校	1.7
8580352	zhgh1688	504109.9	少校	中校	1
**0003*	36man	486727.54	士兵	少校	0.1
**1006*	独行侠	486684.97	士兵	少校	0.1
DHWD0812	倪伟东	481754.445	中尉	少校	0.8

续表

资产账号	选手	盈利额	原军衔	晋升军衔	奖金(万元)
**0052*	见风使舵	472414.08	士兵	少校	0.1
7021111	【温州在握】资管团队11号	456167.26	士兵	少校	1
**0206*	fangyuf	447830.58	士兵	少校	0.1
8582259	戈灯岁月	446856.12	士兵	少校	1
**0257*	听天由命	440834.89	士兵	少校	0.1
8581539	老裤	435159.15	高级士官	少校	1
7923029	易简之善	426098.42	士兵	少校	0.3
**0006*	他山	416615.95	士兵	少校	0.1
**0103*	道合投资	405100.01	士兵	少校	0.1
8580809	长安财富3号期货基金	397309.69	少尉	少校	0.9
**6279*	般若	385144.52	士兵	少校	0.1
8580977	8580977	382572.13	中尉	少校	0.8
7923003	百年投资	382446.18	士兵	少校	0.3
6019705	老狼基金	380998.41	少尉	少校	0.9
8580277	关山007	356017.09	少尉	少校	0.9
**0080*	聚禾基金激进	340761.87	士兵	少校	0.1
**5680*	鼎立基金	338526.69	士兵	少校	0.1
8515857	成长基金	325421.87	少尉	少校	0.9
8580879	ydsscz	324888.35	士兵	少校	1
**6120*	小熊猫二号	316696.04	士兵	少校	0.1
DHSS6702X	lishushan	314869.53	士兵	少校	1
**3023*	henrrry1	311334.92	士兵	少校	0.1
**2870*	南昌稳赢	308382.57	士兵	少校	0.1
8580363	rt1867356	300459.56	中级士官	少校	1

注：以上表格只发布了将官晋衔奖和校官晋衔奖，未发布尉官晋衔奖和士官晋衔奖。

第六届蓝海密剑期货实盘大赛奖项公告

年度先锋勋章

年度净值排名	资产账号	选手	单位净值
1	DHXY9588	王向洋	24.77
2	8580836	Zhangmeijun	10.15
3	8582501	固利资产：趋势为王	10.13
4	8701886	时务投资	9.47
5	8580679	zhaohui	9.26
6	16810079137	寂寞之狐	9.25

军种第一	资产账号	选手	单位净值
基金	9900100000105	持赢1号	2.55
集团军	3711002862	善境投资吴洪涛	4.90
导弹部队	8510121	汉辰	3.68
空军	13703700508	南京飞鹰	4.27
海军	171076197	乘务队	6.00
陆军	8515013	小李飞刀	5.13
预备役	6616102	得与失	7.22
远征军	DHCY3623	火蓝投资	5.83
机枪手	8515636	gogo	1.55

高地军旗手

资产账号	选手	奖项说明
DHCY3623	火蓝投资	打破季度、半年收益率纪录
DHLJ2401	凤凰	打破月、季度收益率纪录
DHMB6584	漂流筏	打破季度收益率纪录

晋衔奖（统计连续三年）

资产账号	选手	盈利额	原军衔	晋升军衔
208257119999	14持赢进取一号	45338687	士兵	上将
13010303018	刘福厚02	43470135	士兵	上将
8808888	东航金融种子一号	32320635	士兵	上将
8580515	奔菁友联①	24098355	中将	上将
9900100000105	持赢1号	18833616	士兵	上将
158100106345	得胜六号	18062384	士兵	上将
9900100000155	持赢稳健1号	17677802	士兵	上将
DHCY3623	火蓝投资	16761846	士兵	上将
3711002862	善境投资吴洪涛	16295831	中校	上将
8581382	Innova	15275305	中将	上将
8580216	奔菁友联②	15174269	少将	上将
6060121	合顺投资Ⅳ（有限合伙）	13685678	上校	上将
189000002000358	输缩赢冲	13408900	上校	上将
8801301	凌云1号	11624358	士兵	上将
8801503	凌云2号	11054057	士兵	上将
100006	光头包1号	10824556	中将	上将
13010303030	刘福厚	10343920	士兵	上将
1812600537	恩萌18	9564371	士兵	中将

续表

资产账号	选手	盈利额	原军衔	晋升军衔
7710909956	syz1236(四)	7311848	士兵	中将
8515659	顾伟浩	7104770	少将	中将
208201000916	syz1236(二)	7088604	上校	中将
13010303029	百川爷	6968564	士兵	中将
6800002899	持赢投资	6580940	大校	中将
208279100615	jason	6559367	士兵	中将
3000773	wuxue	5892188	上校	中将
12981010068	独行侠	5762640	少校	中将
7061201	小熊猫二号	5352039	少校	中将
213330669	铁纪	5009765	士兵	中将
171270966	云淡风轻	4829831	士兵	少将
1778561004028	乾一	4816131	士兵	少将
12208816	佛意投资吴洪涛	4523851	大校	少将
8581016	飞鹤东航	4375096	士兵	少将
8515013	小李飞刀	3803898	中校	少将
8510121	汉辰	3751968	中校	少将
12610000187	煌昱投资专户	3567914	士兵	少将
8800533	f六年股指	3278745	上校	少将
12981081619	蓝色天际A	3250558	士兵	少将
12984021888	合顺投资量化交易团队一号	3166513	高级士官	少将
1728010100133	踏浪	3092418	士兵	少将
7309002	期待黑天鹅	3062195	中校	少将
13703700508	南京飞鹰	2924463	士兵	大校
60660300202792	syz1236(五)	2799604	士兵	大校
8516152	苹果梨	2777371	士兵	大校
7712011985	期货兔子	2726474	上尉	大校
8610353	睿福投资基金2号	2667130	士兵	大校

续表

资产账号	选手	盈利额	原军衔	晋升军衔
22261158	刘学伟	2620994	士兵	大校
156620083	恩萌28	2547251	士兵	大校
11383300050	BLUE（程序化）	2447675	中尉	大校
8610356	睿福投资基金3号	2356434	士兵	大校
WYHH0558	haihai	2057295	上校	大校
158100300376	传奇	2052341	士兵	大校
171076197	乘务队	2012916	少尉	大校
20710058858	中睿投资	1838937	士兵	上校
7293006	恶狼	1820784	中校	上校
DHWD0812	东东锵④☆外盘☆	1781614	少校	上校
8582369	emmazhangster	1734426	士兵	上校
91928705	南昌稳赢	1648864	少校	上校
22290819	投资在线2014	1641468	士兵	上校
6021603	★云旗★资产	1631814	上尉	上校
1778002252588	蓝色天际B	1625407	士兵	上校
5290358208	奇获投资2号	1601520	士兵	上校
6818400035	老白干	1581758	少校	上校
151001101506	FLBT	1392186	士兵	上校
18728002679	成长投资	1322470	士兵	上校
8701519	喵了个咪	1288700	士兵	上校
22399989	奇获投资10号	1245472	士兵	上校
2552979	奇峰投资	1205058	士兵	上校
208257100502	杭州阿超投资	1193557	士兵	上校
1012301097	量化风华2号	1155904	中校	上校
12984020600	合顺投资0600	1155019	士兵	上校
DHXY9588	王向洋	1123109	士兵	上校
8580809	长安财富3号期货基金	1121412	少校	上校
8610331	明天	1100941	士兵	上校
8580712	滚雪球	1080881	上尉	上校
11920210706	百里马	1045753	士兵	上校

续表

资产账号	选手	盈利额	原军衔	晋升军衔
10767213	徐不疾	1028563	初级士官	上校
12981162911	百年投资	1024118	士兵	上校
208257901015	东北角2	998932	士兵	中校
8701130	18900662***	984675	士兵	中校
7032853	杰西糖2014	978503	士兵	中校
15202067	fangyuf	975610	少校	中校
2102020330	东北角	965054	士兵	中校
156882397	恩萌d	963925	士兵	中校
8515231	如履薄冰	950616	上尉	中校
8582331	深圳景春	933580	士兵	中校
151001101505	张田(范磊指导)	913844	士兵	中校
8580108	江枫渔火	911864	少校	中校
12980700082	一根均线	886936	士兵	中校
763070018	lsd	886221	士兵	中校
1778002220562	gold16	884765	士兵	中校
8510212	jianke	882589	少校	中校
80100006769	期蛭	858123	少尉	中校
8582512	老火鸡	857424	士兵	中校
156882601	恩萌08	852154	士兵	中校
156882721	恩萌b	822453	士兵	中校
2160201900019	鳄鱼猎食	794559	士兵	中校
13010303001	刘福厚01	772239	士兵	中校
8831920	琳石—找伯乐	751772	士兵	中校
13588716658	品石资产	740095	士兵	中校
12981130925	恒星	734833	士兵	中校
13588702579	听天由命	724127	少校	中校
91918008	大国崛起	713676	中尉	中校
6818400036	向日葵投资	707249	中尉	中校
8701886	时务投资	696050	士兵	中校
12981081598	海豚一号	695286	士兵	中校
205600333999	qihuo laoren	686538	士兵	中校
7293003	狼啊狼	686340	士兵	中校
8580879	稳健投资	676144	少校	中校

续表

资产账号	选手	盈利额	原军衔	晋升军衔
59392158	f6	667414	上尉	中校
7989003	申林 1	662904	士兵	中校
151000500311	点石成土	643231	上尉	中校
7805553	张金光	637517	士兵	中校
8582501	固利资产:趋势为王	626446	士兵	中校
205881001521	思思飞	623934	上尉	中校
205881009990	毛主席说我真丑	622537	上尉	中校
8580679	zhaohui	618914	中级士官	中校
2133607	义美基金	596826	士兵	中校
21979040109	玮猪炒期货	587203	士兵	中校
208100105657	焓天 Allen	587000	中尉	中校
20799006692	杭州阿超投资种子账户	571471	士兵	中校
22811803162	朗智基金 1	561064	中尉	中校
8581022	8581022	557433	上尉	中校
8580855	lixinpeng	547911	士兵	中校
7710700898	程序交易者	546183	士兵	中校
8510183	ooeight	536749	少校	中校
213305089	持之以恒 89	515428	士兵	中校
DHXX9320	许盛智	514467	上尉	中校
156620087	恩萌 c	512924	士兵	中校
9600600152	挪威森	507133	士兵	中校
59710820	龙行海天	490663	士兵	少校
880603028	元杰_玉米	476342	士兵	少校
8582212	以期货为生	464559	初级士官	少校
218879064	老白干 01	459960	士兵	少校
6022719	李蓉 2146	455228	士兵	少校
12983100018	鳄鱼捕食	444470	士兵	少校
156602029	UniHarvest	425821	士兵	少校
16810079137	寂寞之狐	411739	士兵	少校
780025888	林之鹤	408973	士兵	少校
21021500098	富甲一方	404899	士兵	少校
193707133	守望者(股指)	401036	士兵	少校
2711888	鲁南投资	399470	士兵	少校

续表

资产账号	选手	盈利额	原军衔	晋升军衔
116602325	纽约 Futures	396452	士兵	少校
23091000960	全部程序交易	391721	上尉	少校
100008	布林鳄 1 号	389899	士兵	少校
1800965	微时量化基金	386039	上尉	少校
8581510	蒋晓辉	385275	士兵	少校
18786001780	恩萌 38	384561	士兵	少校
8610363	CACF4	367049	士兵	少校
15639211	tom 顺势而为	362513	中尉	少校
60330034000534	知秋	357529	士兵	少校
60660300202999	周正晓	355717	士兵	少校
11920227088	fangyuf3	354014	士兵	少校
139100101007	谈小二	353979	士兵	少校
8580835	billcai	351888	高级士官	少校
1817005761	恩萌 j	348513	士兵	少校
DHZY9089X	houyong	347016	高级士官	少校
7270021	荣晓东	340148	上尉	少校
2829230	天才之梦	339641	士兵	少校
8516288	cchenlongg	339572	中尉	少校
12984018908	大信 5 号	337861	中级士官	少校
8703923	18960522***	337139	士兵	少校
8801300	煌昱一号基金	332729	士兵	少校
2088030309	ST 涛涛	330453	中尉	少校
10516579	杨沂茹	327003	士兵	少校
8513816	wyhaier	326320	中尉	少校
8831878	王卿:做期货的 95 后	325417	士兵	少校
20610180372	大信六号	319068	士兵	少校
22921700008	孙子兵法	318123	中级士官	少校
1010102227	QKPGDRWVXSLMHTZNBCF	317532	士兵	少校
170801002910	一粒米	312099	士兵	少校
22811803185	冬日恋歌	306798	士兵	少校
8705380	御风致远	304768	士兵	少校
8582528	长安财富 5 号期货基金	302414	士兵	少校

注：以上表格只发布了将官晋衔奖和校官晋衔奖，未发布尉官晋衔奖和士官晋衔奖。

第七届蓝海密剑中国对冲基金经理公开赛奖项公告

年度先锋勋章

年度前六				
年度净值排名	资产账号	选手	单位净值	奖金
1	8703620	15818203***	10.5307	60000
2	8515363	gaofengguo	8.241835	50000
3	8610295	丁崇龙	7.986962	40000
4	8582521	wxf2000	7.847611	30000
5	8515669	李海鹰	7.832111	20000
6	22369839	Tenacious Z	7.645074	1000
基金组				
年度净值排名	资产账号	选手	单位净值	奖金
1	171073640	齐商	5.000424	500
2	6060121	合顺投资Ⅳ（有限合伙）	1.98388	3000
3	13010303018	刘福厚02	1.966746	200
集团军				
年度净值排名	资产账号	选手	单位净值	奖金
1	87731136	爱财的老张	5.372547	500
2	8713727	安宁	5.075419	3000
3	2202100128	HEC陈建华	4.860831	200

续表

导弹部队				
年度净值排名	资产账号	选手	单位净值	奖金
1	21011011527	流氓兔二号	4.722491	500
2	2160200000000	康宝亮叁号	4.419108	300
3	8515013	小李飞刀	3.360039	2000

空　军				
年度净值排名	资产账号	选手	单位净值	奖金
1	8582501	固利资产：趋势为王	4.3388	5000
2	22688329	敬昭投资	4.263976	300
3	8519999	爱上趋势	3.895478	2000

海　军				
年度净值排名	资产账号	选手	单位净值	奖金
1	22811803188	添瑞	4.86734	500
2	87730328	突然奔跑	3.042892	300
3	1778580000000	凯泽投资	2.914518	200

陆　军				
年度净值排名	资产账号	选手	单位净值	奖金
1	8702330	趋势赢家	5.745083	5000
2	6029999	姜晓艳	5.3588	3000
3	51883311445	KKK520	4.613362	200

预备役				
年度净值排名	资产账号	选手	单位净值	奖金
1	81108169	小灵茹3	6.833116	500
2	8712027	有时候无聊	5.464821	3000
3	22399989	奇获投资10号	5.216686	200

续表

远征军

年度净值排名	资产账号	选手	单位净值	奖金
1	DHJG9131	金鑫期货	3.637249	5000
2	DHSH8073	爱海超越梦想	3.273257	3000
3	DHHP2652	蓝色海岸	2.244827	2000

机枪手

年度净值排名	资产账号	选手	单位净值	奖金
1	8706035	HJ	6.157184	5000
2	8831961	选手0000885	4.865839	3000
3	8705377	Ryan	4.509485	2000

晋衔奖

资产账号	参赛名	累计盈利额	历史最高军衔	第七届军衔	奖金
8713727	安宁	126019897.4	士兵	元帅	500000
13010303018	刘福厚02	121465199.7	上将	元帅	300000
8808888	东航金融种子一号	110646757	上将	元帅	300000
8510113	freezegogo	64132226.17	上将	五星上将	100000
6060121	合顺投资Ⅳ（有限合伙）	52691382.03	上将	五星上将	100000
171073640	齐商	45320201.49	士兵	上将	20000
22811803188	添瑞	35443653.7	士兵	上将	20000
8999901	久富大泽保本基金	18767184.15	士兵	少将	5000
8808903	CTA精英孵化基金	16432053.88	士兵	少将	5000
8808909	凌云3号	15515962.93	士兵	少将	5000
8808908	海证2号	13990939.34	士兵	少将	5000
87731136	爱财的老张	13384486.4	士兵	少将	5000

续表

资产账号	参赛名	累计盈利额	历史最高军衔	第七届军衔	奖金
12984019716	康宝亮壹号	12062973.37	士兵	少将	5000
780025888	林之鹤	10684846.58	少校	少将	4500
2202100128	HEC陈建华	9999378.93	士兵	大校	3000
1811980098	靠后偏右	8508053.71	士兵	大校	3000
2102021208	鲍鱼	8122963.27	士兵	大校	3000
22220188	股指精灵	8107932.3	士兵	大校	3000
2160201900019	康宝亮叁号	7690637.48	中校	大校	2000
208217600336	奇获投资稳进型	6675942.7	士兵	大校	3000
8515363	gaofengguo	6254342.57	士兵	大校	30000
8808902	CTA孵化基金	6201526.32	士兵	大校	30000
22812103986	三十三度资本MOM-赤道1号	6057022.78	士兵	大校	3000
6021603	★云旗★科技	5470965.94	上校	大校	10000
12983100018	康宝亮肆号	5112045.77	少校	大校	2500
8800158	滥竽充数基金	4532909.45	士兵	上校	20000
22399818	奇获投资锐意型	4490544.6	士兵	上校	2000
8519999	爱上趋势	4272301.35	少校	上校	15000
208201010005	蓝色天际1号	4044792.93	士兵	上校	2000
21011011527	流氓兔二号	4007153.64	士兵	上校	2000
1801058	中蕴投资	3979380.07	少校	上校	1500
22688329	敬昭投资	3885727.38	士兵	上校	2000
21979050288	奇获奇才	3842421.71	士兵	上校	2000
208257901015	东北角2	3751456.5	中校	上校	1000
1013500688	有意无意	3488697.72	士兵	上校	2000
7989003	申林1	3475196.21	中校	上校	10000
8582501	固利资产：趋势为王	3372739.91	中校	上校	10000
8710657	吴娱	3310347.46	士兵	上校	20000
2102020330	东北角	3303009.44	中校	上校	1000
22933685	千象1期	3128008.34	士兵	上校	2000
12984018908	大信五号	2958646.76	少校	中校	500

续表

资产账号	参赛名	累计盈利额	历史最高军衔	第七届军衔	奖金
8808929	合顺伟业对冲基金	2799120.92	士兵	中校	10000
8582521	wxf2000	2749317.04	士兵	中校	10000
13588716827	谈谈小二	2681836.31	士兵	中校	1000
12984019705	康宝亮贰号	2662006.93	士兵	中校	1000
8808922	洼盈1号	2659952.9	士兵	中校	10000
6031301	非却投资进取型	2538344.35	士兵	中校	10000
1778701882986	千象资产趋势	2385958.55	士兵	中校	1000
8809002	余道稳健1号	2374547.37	士兵	中校	10000
81108169	小灵茹3	2253581.58	士兵	中校	1000
8711531	冰封王座	2126590.05	士兵	中校	10000
13033100013	张弛有道	2070147.68	士兵	中校	1000
12984016395	琪胜	2011355.11	士兵	中校	1000
8515669	李海鹰	1990238.59	士兵	少校	5000
208100108300	hillxyh	1867685.53	士兵	少校	500
205930000075	与取投资	1700485.57	士兵	少校	500
205890001629	紫贝壳航母号	1573703.77	士兵	少校	500
132686678	包元明	1542171.54	士兵	少校	500
156860879	雨人系列-微愚西疯	1534196.45	士兵	少校	500
8610295	丁崇龙	1461547.44	士兵	少校	5000
12506315	霹突辟投资	1452702.09	士兵	少校	500
DHJG9131	金鑫期货	1423049.3	士兵	少校	5000
1778582000916	凯泽投资	1413083.66	士兵	少校	500
12984018985	大信七号	1408156.33	士兵	少校	500
132885019	千象稳健	1405404.6	士兵	少校	500
6818400038	老白干02	1400252.36	士兵	少校	500
7118561	陈杰cj	1399373.83	士兵	少校	5000
7960888	应坚平	1395338.48	士兵	少校	5000
763070210	大海的方向	1346112.79	士兵	少校	500
8703938	九月	1345661.75	士兵	少校	5000

续表

资产账号	参赛名	累计盈利额	历史最高军衔	第七届军衔	奖金
13010303355	万福1	1330030.15	士兵	少校	500
13701591023	恶狼意志一号	1294002.26	士兵	少校	500
11381001053	峥嵘岁月三号	1286844.68	士兵	少校	500
56108172	广江会05	1269027.51	士兵	少校	500
205880001022	大阳公馆	1264326.91	士兵	少校	500
116213519	金友莆田一咏春拳	1262262.77	士兵	少校	500
12984022090	典典	1248799.94	士兵	少校	500
105191201	雅痞浪子	1187152.72	士兵	少校	500
87730328	突然奔跑	1185622.69	士兵	少校	500
763120009	道纪投资2号	1181410.61	士兵	少校	500
8718739	柒雪馨凉	1175180.83	士兵	少校	5000
12981121389	中衍泰富	1147125.99	士兵	少校	500
15679057	诚益操盘	1140147.06	士兵	少校	500
763121607	道纪投资1号	1029621.98	士兵	少校	500

注：晋衔奖盈利额自2010年累计统计，盟军选手所获奖金为常规军种的10%。

第八届蓝海密剑中国对冲基金经理公开赛奖项公告

年度先锋勋章

年度前六				
年度净值排名	资产账号	选手	单位净值	奖金
1	8680095	omnbmh	40.40914844	60000
2	1800566	弄潮儿	36.16588741	5000
3	8800405	liuxuesong	33.03311151	40000
4	8701886	随势(时务)-彭俊英	21.76881739	30000
5	8735657	"金猴"专户	16.52176049	20000
6	171073640	"齐商"专户	13.98107022	1000
基金组				
年度净值排名	资产账号	选手	单位净值	奖金
1	13010303030	"刘1962"专户	7.50876305	500
2	8713727	"安宁"专户	3.73467907	3000
3	8808929	合顺伟业对冲基金	3.24615509	2000
集团军				
年度净值排名	资产账号	选手	单位净值	奖金
1	8717088	济南春晖资产	5.38717	5000
2	8718675	固利资产十年磨一剑	4.1498866	3000
3	7710500192	沈军2	3.40905401	200
导弹部队				
年度净值排名	资产账号	选手	单位净值	奖金
1	2135200	影歌	4.53295862	500
2	01778002252588	蓝色天际B	3.72937337	300
3	2039037	Mr Wen	3.06132341	200

续表

空军				
年度净值排名	资产账号	选手	单位净值	奖金
1	8580073	闪舞ice	9.25901043	5000
2	13010303011	文刀	6.93163193	300
3	6580677777	曲笛	5.80482825	200

海军				
年度净值排名	资产账号	选手	单位净值	奖金
1	8581003	东东锵①	12.18687122	5000
2	1232335007	德天王	9.83792441	300
3	7293003	十年春秋	5.89841861	2000

陆军				
年度净值排名	资产账号	选手	单位净值	奖金
1	8515878	虹在波浪	11.26824927	5000
2	3221060091	归零心态	7.07771935	300
3	8515109	wl168	7.04333567	2000

预备役				
年度净值排名	资产账号	选手	单位净值	奖金
1	8732187	Kiwi	13.23233391	5000
2	8701306	小侃姐	11.1566529	3000
3	7198100	胡闹	10.68074305	2000

远征军				
年度净值排名	资产账号	选手	单位净值	奖金
1	100009	久富大泽旅游基金	4.61564318	5000
2	20000015	灰灰是只发财猫	4.1785271	3000
3	DHYQ5490	玉米一号	3.0046487	2000

机枪手				
年度净值排名	资产账号	选手	单位净值	奖金
1	8750858	宁静的大海	3.85507668	5000
2	8735191	Charles	2.09942019	3000
3	8751956	权	1.72628682	2000

晋衔奖

资产账号	选手	盈利额	原军衔	晋升军衔	奖金
13010303030	"刘1962"专户	293824914.8	上将	元帅	30000
171073640	"齐商"专户	263723864.5	上将	元帅	30000
8735657	"金猴"专户	170031410.3	士兵	元帅	500000
8510113	freezegogo	119546310.4	五星上将	元帅	200000
12981126666	德胜资产(f六年)	119324012.4	士兵	元帅	50000
8808929	合顺伟业对冲基金	96307053.89	中校	五星上将	290000
8808903	CTA精英孵化基金	64457793.56	少将	五星上将	—
8808920	常然鸿凯1号	42060340.2	士兵	上将	200000
780025888	"林之鹤"专户	36161336.79	少将	上将	15000
8718675	固利资产十年磨一剑	29527916.82	士兵	中将	100000
8808902	CTA孵化基金	29161051.34	大校	中将	—
8510121	言尘投资	27414190.01	少将	中将	50000
2102021208	鲍鱼	25609479.23	大校	中将	7000
8800533	f六年(德胜零号)	21051158.39	少将	中将	50000
2202100128	陈建华基金2号	18208345.91	大校	少将	2000
7710500192	沈军2	15361364.22	士兵	少将	5000
8808953	从石资产	15177309.15	士兵	少将	50000
21011011527	流氓兔二号	14825177.83	上校	少将	3000
205119669	老高的期货	14218412.56	大校	少将	2000
8717088	济南春晖资产	12396160.73	上尉	少将	50000
7293006	恶狼	12242620.73	上校	少将	30000
8701886	随势(时务)-彭俊英	8053548.68	中校	大校	20000
1970110687	大庆鼎诺三号	7853935.01	士兵	大校	3000
12630358888	由势十八载	7639328.29	士兵	大校	3000
8580073	闪舞ice	7394308.23	上尉	大校	30000
8718831	成金	7366049.16	士兵	大校	30000

续表

资产账号	选手	盈利额	原军衔	晋升军衔	奖金
0208257901015	东北角2	7300826.59	上校	大校	1000
2102027777	鲍鱼3	7247156.77	士兵	大校	3000
8729870	康宝亮叁号	7191686.61	士兵	大校	30000
8808963	种子二号基金	7136574.89	士兵	大校	—
1801058	中蕴投资	7108143.98	上校	大校	1000
7989003	申林	6860194.07	上校	大校	10000
100009	久富大泽旅游基金	6843464.48	士兵	大校	30000
8718739	柒雪馨凉	6737898.06	少校	大校	25000
6818400035	老白干	6542283.12	上校	大校	1000
6580677777	曲笛	6495628.68	士兵	大校	3000
8809002	余道稳健1号	6346624.44	中校	大校	20000
8717836	薄冰	6164521.07	上尉	大校	30000
01778002220562	gold16	5986669.22	中校	大校	2000
10108000129	与取投资33	5873688.42	士兵	大校	3000
0205930000075	与取投资	5575747.4	少校	大校	2500
01778701882986	千象趋势1号	5256379.42	中校	大校	2000
8582521	wxf2000	5201971.17	中校	大校	20000
13010303011	文刀	5034438.06	士兵	大校	3000
8515877	东东锵②	5030177.32	上校	大校	10000
9600777757	涌顺投资2号	4855216.37	士兵	上校	2000
2136269	天心无改移	4605451.67	上尉	上校	2000
15810113666	ZJ猎手	4489510.4	士兵	上校	2000
8735689	世界顶级的角度	4360412.87	士兵	上校	20000
2135200	影歌	4224130	上尉	上校	2000
8582512	黄金鱼	4196904.89	中校	上校	10000
213188760	虎啸	4025128.74	高级士官	上校	2000
13588716827	谈谈小二	3882728.09	中校	上校	1000
8808937	中国黑色金属1号	3772932.92	士兵	上校	—
8808932	鸿凯15号基金	3685793.78	士兵	上校	20000
7089111	长安财富1号期货	3629099.66	士兵	上校	20000

续表

资产账号	选手	盈利额	原军衔	晋升军衔	奖金
12984016395	琪胜	3590656.25	中校	上校	1000
21979060482	期海任我行	3423506.14	士兵	上校	2000
12981081598	海豚一号	3395446.95	中校	上校	1000
0205881009990	毛主席说我真丑	3196128.43	中校	上校	1000
12662000297	HEC陈建华－众筹	3116223.93	士兵	上校	2000
59791189	黄润华	2887043.17	士兵	中校	1000
59713099	涌顺投资1号	2871770.33	士兵	中校	1000
80100036068	东日寿	2858039.93	上尉	中校	1000
8730066	橡木	2846442.87	士兵	中校	10000
171046670	沈军1	2777581.23	士兵	中校	1000
0205880001022	大阳公馆	2635534.89	少校	中校	500
156860879	雨人	2560653.88	少校	中校	500
8702066	恶狼财富管理	2543214.92	少尉	中校	10000
8713989	源林	2460001.37	上尉	中校	10000
13266666519	低调的道道	2428177.37	初级士官	中校	1000
13588705987	百仑对冲	2404738.11	士兵	中校	1000
22811806557	行为资本	2331854.15	上尉	中校	1000
6818400038	老白干02	2244135.02	少校	中校	500
11005201011	黄辽野	2239644.95	士兵	中校	1000
8610382	受伤的小鱼	2109194.15	上尉	中校	10000
8703758	辛格	2038484.09	士兵	中校	10000
132686678	包元明	2021537.46	少校	中校	500
DHJG9131	金鑫期货	2009774.02	少校	中校	5000
8680095	omnbmh	1887723.2	少尉	少校	5000
8582125	wen_shichun	1784026.47	士兵	少校	5000
156886260	期市飘	1772859.6	士兵	少校	500
170805001399	佩玮投资	1760381.02	上尉	少校	500
12984016302	大信九号	1731056.61	上尉	少校	500
11001303639	木桥	1594314.55	士兵	少校	500
51883311445	KKK520	1584050.84	上尉	少校	500
20970100302	点石资管	1529335.29	上尉	少校	500

续表

资产账号	选手	盈利额	原军衔	晋升军衔	奖金
205881881	理发师章位福	1513240.41	士兵	少校	500
1055827	南山	1490526.19	士兵	少校	500
9610600181	小灵茹	1484011.98	士兵	少校	500
20710026666	高山流水2号	1465343.25	士兵	少校	500
1015800323	京笙进取1号	1447258.79	士兵	少校	500
36990202198	博弈树3号	1445080.25	上尉	少校	500
8717238	草木	1408578.16	上尉	少校	5000
0208279101666	永红1号(xu)	1396891.12	士兵	少校	500
8716819	永远保住本钱	1387612.26	士兵	少校	5000
8580355	zhangguohai	1316786.62	上尉	少校	5000
86003643	森林	1290556.72	上尉	少校	500
8831965	选手0038367	1276851.6	上尉	少校	5000
81107056	小丹尼东方汇金	1187198.59	上尉	少校	500
8515527	liusong	1168710.84	士兵	少校	5000
11009301698	无忧量化	1160979.82	上尉	少校	500
8726998	晋亨资本多策略	1138003.77	士兵	少校	5000
3221060091	归零心态	1123273.89	士兵	少校	500
9600600152	笑	1122157.99	士兵	少校	500
8710102	林教头	1115479.61	上尉	少校	5000
6029999	姜晓艳	1101241.76	上尉	少校	5000
20610701577	只做短线爱打球	1083867.57	上尉	少校	500
11003600023	老高6	1073865.73	上尉	少校	500
8725052	冯云华	1065790.08	上尉	少校	5000
22933633	千象趋势2号	1055319.29	上尉	少校	500
0205881001565	毛主席真说我丑	1048251.48	士兵	少校	500
8712899	顺道	1041364.41	士兵	少校	5000
1800566	弄潮儿	1040631.19	士兵	少校	500
8808951	高登望远1号	1027475.89	士兵	少校	5000
22812500053	随波逐流	1021524.14	士兵	少校	500
20000015	灰灰是只发财猫	1019484.39	中尉	少校	5000
7068003	融达	1005551.83	上尉	少校	5000
51881810839	德申资本	1004543.66	士兵	少校	500

注：依据比赛规则，晋衔奖"累计盈利额"自2010年持续累计统计，盟军选手所获奖金为常规军种的10%。

第九届蓝海密剑中国对冲基金经理公开赛奖项公告

年度先锋勋章

年度前六				
年度净值排名	资产账号	选手	单位净值	奖金
1	8581003	东东锵①	7.974736	60000
2	7805508	迷途回头路	7.51386128	50000
3	20001530	河南王	5.42244443	40000
4	8700981	滑铁卢之夜	4.81174179	30000
5	6800821052	江山易手	4.73624168	2000
6	3060150310	木易	4.69718116	1000
基金组				
年度净值排名	资产账号	选手	单位净值	奖金
1	8808920	鸿凯1号基金	2.12011962	5000
2	20799006366	"trader20"专户	1.98122075	300
3	1236200001	洼盈9号	1.89742774	200
集团军				
年度净值排名	资产账号	选手	单位净值	奖金
1	21011011527	流氓兔二号	2.44665696	500
2	16681700920	像风一样自由	2.02592145	300
3	2136269	天心无改移	1.92880363	200
导弹部队				
年度净值排名	资产账号	选手	单位净值	奖金
1	212836188	ZJ猎手-2017	2.32699901	500
2	1010901288	夸克	2.32593258	300
3	8510208	walkfish	2.3094899	2000

续表

空军				
年度净值排名	资产账号	选手	单位净值	奖金
1	0208100201336	宵唯	2.2659133	500
2	2855560	雁阳天	1.93990737	300
3	8766717	栗园叶晓杭	1.87458289	2000

海军				
年度净值排名	资产账号	选手	单位净值	奖金
1	78900706329	舍得	2.59238084	500
2	13033100013	张弛有道	2.54556341	300
3	8720299	合家欢乐	2.50984683	2000

陆军				
年度净值排名	资产账号	选手	单位净值	奖金
1	8733532	万茗	3.99793	5000
2	8701286	shikari	3.97360193	3000
3	7805853	Melin	3.72778931	2000

预备役				
年度净值排名	资产账号	选手	单位净值	奖金
1	7010741	东方大败	4.44760717	500
2	8756160	勇闯天涯 H	4.16639046	3000
3	8726057	随风 AK	4.06176953	2000

远征军				
年度净值排名	资产账号	选手	单位净值	奖金
1	DHYJ5898	郭延军	2.52647472	5000
2	WYHH0558	haihai	1.68901129	3000
3	20001978	benn	1.66790705	2000

机枪手				
年度净值排名	资产账号	选手	单位净值	奖金
1	8703966	月季阳 J	2.52206139	5000
2	8750858	宁静的大海	2.13323394	3000
3	8510545	weinsteinfans	1.74548274	2000

高地军旗手

资产账号	选手	奖项说明	记录值	奖金
8716981	神奇波浪	打破日收益率纪录	270.29%	10000

晋衔奖

资产账号	参赛名	累计盈利额	历史最高军衔	第九届军衔	晋衔奖金
8808920	鸿凯1号基金	84080749.68	上将	五星上将	100000
1236200001	洼盈9号	51443456.33	士兵	五星上将	30000
2102021208	"鲍鱼"专户	33940130.07	中将	上将	10000
25008888	巨人资管(香港)1号	18129689.18	士兵	少将	50000
20799006366	"trader20"专户	11446985.17	士兵	少将	5000
8718831	成金	11313250.72	大校	少将	20000
1801058	摸金啸尉	10226387.21	大校	少将	2000
2136269	天心无改移	8774866.39	上校	大校	1000
3060150310	木易	8213699.26	上尉	大校	3000
8808937	中国黑色金属1号	6254235.21	上校	大校	10000
13588716827	TGR	5750726.15	上校	大校	1000
59791189	黄润华	5558473.28	中校	大校	2000
22295555	银翼杀手	5091711.02	士兵	大校	3000
25001635	巨人资管(香港)5号	4623669.4	士兵	上校	20000
208100500179	真欣投资	4115853.27	士兵	上校	2000
8831920	琳石－找伯乐	3830665.67	中校	上校	10000
8703758	辛格	3467370.79	中校	上校	10000
8808980	东航骐骏3号	3349397.34	士兵	上校	20000
13752790041	风台心情	3181144.59	士兵	上校	2000
13020186688	夺冠高手	3119728.75	士兵	上校	2000
208217600368	银利进取三年期	3082759.56	士兵	上校	2000
11005201011	黄辽野	3067795.22	中校	上校	1000
8610382	受伤的小鱼	3008986.1	中校	上校	10000
1010901288	夸克	2796730.18	中尉	中校	1000
20710026666	高山流水2号	2685021.88	少校	中校	500
7710800688	康宝亮资产壹号	2591552.3	士兵	中校	1000
22008880	巨人资管(香港)4號	2576001.89	士兵	中校	10000

续表

资产账号	参赛名	累计盈利额	历史最高军衔	第九届军衔	晋衔奖金
8726998	晋亨资本多策略	2571855.54	少校	中校	5000
212836188	ZJ 猎手-2017	2484200.33	士兵	中校	1000
9600600152	笑	2363861.71	少校	中校	500
PI10002	巨人資管(香港)2號	2310942.44	士兵	中校	10000
158105500336	京笙进取5号	2235608.24	上尉	中校	1000
51881613718	未来的空头	2220147.74	士兵	中校	1000
36990202198	博弈树3号	2143519.46	少校	中校	500
89107700035	彭江浩	2139076.4	上尉	中校	1000
8680095	omnbmh	2134162.44	少校	中校	5000
1710001129	金玉满堂	2131792.23	士兵	中校	1000
8582125	wen_shichun	2031820.69	少校	中校	5000
763077269	火龙果	1980370.4	士兵	少校	500
205880001089	谋事在人	1936432.22	士兵	少校	500
1020062092	cqm	1865916.21	士兵	少校	500
22811802060	Sennawang	1793869.08	高级士官	少校	500
8808985	—	1772675.33	士兵	少校	5000
16681700920	像风一样自由	1717422.87	士兵	少校	500
8733850	狙击手	1705577.17	上尉	少校	5000
8830381	sampras	1683983.35	士兵	少校	5000
208100201336	宵唯	1667291.84	士兵	少校	500
10862500301	点石成水2号	1527437.71	士兵	少校	500
1095200068	宁静致远	1486573.9	上尉	少校	500
205881001120	谋事在人2	1378847.94	士兵	少校	500
205881001201	快乐期货	1266447.89	上尉	少校	500
22868801225	icefish711	1261206.44	中尉	少校	500
78902200688	君信投资一号	1234272.75	士兵	少校	500
8808967	东航骐骏2号	1198594.6	士兵	少校	5000
1811982970	彭炳然5	1187291.48	士兵	少校	500
25000917	FAAM	1180163.42	士兵	少校	5000
213280288	兰瑞1号	1145569.09	士兵	少校	500
8701286	shikari	1139101.31	士兵	少校	5000
5290801718	拾荒者	1138805.39	上尉	少校	500

续表

资产账号	参赛名	累计盈利额	历史最高军衔	第九届军衔	晋衔奖金
11003600018	稳健50	1124287.72	士兵	少校	500
139100200111	马安小墅	1109289.77	上尉	少校	500
13266880262	乐丁	1099494.09	士兵	少校	500
60110099999643	康宝亮资产伍号	1082132.21	上尉	少校	500
12507666	王卿资管②号	1076078.2	上尉	少校	500
8757718	期货骰子	1041483.37	士兵	少校	5000
13615889866	长天康富Y	1040344.26	士兵	少校	500
90021369	风云际会	1039175.35	士兵	少校	500
2195856	旭东	1017204.62	士兵	少校	500
13588716809	sleepingleo	1013423.15	上尉	少校	500
13588706961	交易之道①	1011647.74	上尉	少校	500

注：依据比赛规则，晋衔奖"累计盈利额"自2010年持续累计统计，当年颁发衔级晋升的选手，盟军选手所获奖金为常规军种的10%。

参评年度先锋勋章奖项账户如期权盈利额占比超过80%，需同时满足账户初始本金不低于5万元。

第十届蓝海密剑中国对冲基金经理公开赛奖项公告

年度先锋勋章

年度前六				
年度净值排名	资产账号	参赛名	当年净值	奖金
1	2136628	稳步攀升	19.00475	6000
2	8716859	幽灵的礼物	10.68163	50000
3	13033100013	张弛有道	9.983316	4000
4	8582520	8582520	9.686349	30000
5	8767370	神马交易2号	9.260899	20000
6	8763791	韭菜	8.700554	10000
基金组				
年度净值排名	资产账号	选手	单位净值	奖金
1	22812301323	旭冕灵聪木剑	3.299745	500
2	21023500018	固利资产十年磨一剑	2.529319	300
3	2102021208	"鲍鱼"专户	1.897546	200
集团军				
年度净值排名	资产账号	选手	单位净值	奖金
1	59815988	咕咕鸡2018	3.655822	500
2	1235900566	小丹尼（善行1号基金）	3.057048	300
3	22868802839	小丹尼（善行投资）	2.909532	200
导弹部队				
年度净值排名	资产账号	选手	单位净值	奖金
1	78901202775	德胜独角兽	2.294811	500
2	78900156739	Robin	2.135102	300
3	78900156077	金森波	2.088409	200

续表

		空 军		
年度净值排名	资产账号	选手	单位净值	奖金
1	6580013031	fans1	4.126493	500
2	8580076	zhuo138	3.791998	3000
3	213330669	铁纪	3.022385	200

		海 军		
年度净值排名	资产账号	选手	单位净值	奖金
1	8510588	瑞克	4.215356	5000
2	792001119	雨后的树林	3.61783	300
3	112605132	等	2.752684	200

		陆 军		
年度净值排名	资产账号	选手	单位净值	奖金
1	79826752	N次方	7.683243	500
2	8766922	一天百分之七十五	5.028598	3000
3	59920026	寒江一笠	4.583944	200

		预备役		
年度净值排名	资产账号	选手	单位净值	奖金
1	8580872	Insight	8.142425	5000
2	2886988	沧海一粟888	6.975669	300
3	8705059	简单晴天	6.395203	2000

		机枪手特战营		
年度净值排名	资产账号	选手	单位净值	奖金
1	6001628	蓝色经典	3.195389	5000
2	8750858	宁静的大海	2.610341	3000
3	8703966	月季阳J	2.001568	2000

		远征军		
年度净值排名	资产账号	选手	单位净值	奖金
1	DHJG9131	金鑫期货	2.4516762	5000
2	20001978	benn	2.12613804	3000
3	20000155	厚润环球	1.37797412	2000

衍生战地勋章

资产账号	参赛名	期权盈利	奖金
8716981	神奇波浪	1882130.00	5000

晋衔奖

资产账号	参赛名	累计盈利额	历史最高军衔	第十届军衔	晋衔奖金
1236200001	洼盈9号	129919872.6	五星上将	元帅	20000
2102021208	"鲍鱼"专户	63494274.08	上将	五星上将	10000
8808902	CTA孵化基金	38123430.12	中将	上将	——
21011011527	流氓兔二号	28827238.03	少将	中将	5000
22812301323	旭冕灵聪木剑	26431197.37	士兵	中将	10000
21023500018	固利资产十年磨一剑	22580015.26	士兵	中将	10000
8808953	从石资产	22192977.99	少将	中将	50000
20799006366	"trader20"专户	20843846.23	少将	中将	5000
22868802839	小丹尼（善行投资）	15124127.98	上尉	少将	5000
1235900566	小丹尼（善行1号基金）	13424025.79	士兵	少将	5000
112172209	旭冕灵聪重剑	13184086.03	士兵	少将	5000
59815988	咕咕鸡2018	11260040.48	士兵	少将	5000
199992000299	以梦为码	8266542.55	士兵	大校	3000
13033100013	张弛有道	8140814.94	中校	大校	2000
8582369	emmazhangster	7309872.8	上校	大校	10000
8582512	老火鸡	6866234.77	上校	大校	10000
7710800688	康宝亮资产壹号	6612560.88	中校	大校	2000
78901202775	德胜独角兽	5911207.71	士兵	大校	3000
10862500301	点石成水2号	5849522.32	少校	大校	2500
22868805052	旭冕灵聪利剑	5737557.31	士兵	大校	3000
212560126	猎手壹号	5571988.46	士兵	大校	3000
158105500336	京笙进取5号	5404232.2	中校	大校	2000
12630336888	过王飞扬	5168532.77	士兵	大校	3000
1012301097	量化风华2号	5002367.36	上校	大校	1000
20651300016	手续费好高啊	4233027.57	士兵	上校	2000
212310002	猎手一号	4145104.7	士兵	上校	2000
16080201288	旭冕旭日东昇	3935398.99	上尉	上校	2000

续表

资产账号	参赛名	累计盈利额	历史最高军衔	第九届军衔	晋衔奖金
8767370	神马交易2号	3783504.01	中级士官	上校	20000
22811806557	行为资本	3244007.77	中校	上校	1000
2770299	童话	3153689.67	士兵	上校	2000
8580679	灰太郎	3063816.18	中校	上校	10000
9600600152	笑	3054204.78	中校	上校	1000
60660300201875	期货理财2013	3037536.08	上尉	上校	2000
13591200450	摩羯	3034321.16	士兵	上校	2000
6580013031	fans1	2947073.34	士兵	中校	1000
1100119751	交易之道-攻	2908191.13	士兵	中校	1000
36991000140	何学真雷曼	2863156.76	士兵	中校	1000
208257501951	从石资产七号	2630165.72	士兵	中校	1000
1778001000110	jfc2	2610140.6	上尉	中校	1000
8580076	zhuo138	2496852.41	上尉	中校	10000
213290997	这个杀手不太冷	2426560.4	士兵	中校	1000
8730095	愤怒的小马	2294796.83	上尉	中校	10000
8831965	选手0038367	2292708.02	少校	中校	5000
1813008899	芷瀚六号	2168586.21	少尉	中校	1000
60661700202122	赚点生活费	2107751.5	士兵	中校	1000
13591200569	溪芮	2090754.88	士兵	中校	1000
11009301698	无忧量化	2066040.79	少校	中校	500
22811802060	Sennawang	2009908.67	少校	中校	500
792001119	雨后的树林	1966686	中尉	少校	500
185666061008	远澜红松	1860038.82	上尉	少校	500
22811809368	Sennazhou	1852282.37	上尉	少校	500
21935756789	一只小蜜蜂666	1736077.7	士兵	少校	500
205880001003	宝盈1号	1701266.69	上尉	少校	500
8711505	东航现金	1673501.3	中尉	少校	5000
8701500	选手0095227	1668110.36	士兵	少校	5000
78900156077	金森波	1631982.94	士兵	少校	500
8763791	韭菜	1600459.6	士兵	少校	5000
6898006999	tanguangrong	1592241.4	士兵	少校	500
1112010211	筑梦②号	1572372.18	士兵	少校	500

续表

资产账号	参赛名	累计盈利额	历史最高军衔	第九届军衔	晋衔奖金
8716981	神奇波浪	1556573.6	上尉	少校	5000
208100105566	毓颜平福1号	1555667.72	上尉	少校	500
187805262	太极	1529311.4	士兵	少校	500
22811806082	长量资本2号	1510767	上尉	少校	500
185666061006	远澜雪松	1507632.1	士兵	少校	500
8718777	子期	1501553.93	中尉	少校	5000
205860077777	浙江和熙资本	1461632.66	士兵	少校	500
51999836219	宏锡量化CTA专户	1455259.18	士兵	少校	500
8756726	悟者	1446201.3	士兵	少校	5000
8582222	刚哥1号	1369610.55	上尉	少校	5000
8766922	一天百分之七十五	1341293.26	少尉	少校	5000
15280178	雄愉量化1号	1335418.99	上尉	少校	500
9610600618	布偶	1282440.51	士兵	少校	500
10777087	志道1号	1278633.94	上尉	少校	500
8510588	瑞克	1276922.26	士兵	少校	5000
220050000330	王艺	1263451.58	上尉	少校	500
116221079	兵法	1244524.42	上尉	少校	500
78900156739	Robin	1222366.95	士兵	少校	500
8767697	神父	1190051.35	高级士官	少校	5000
8515682	collider	1178239.07	上尉	少校	5000
22295888	zjclyh	1171252.85	士兵	少校	500
21935753663	宁静6号	1164498.18	士兵	少校	500
22812301343	让子弹飞的更远	1157117.95	上尉	少校	500
38380109	嘉星特勒骠	1154655.27	士兵	少校	500
1061215128	玮	1147361.75	上尉	少校	500
8737261	盘前计划	1140156.51	上尉	少校	5000
8765536	海兵投资	1129228.6	中级士官	少校	5000
833700209	点点@量化科技	1111243.06	士兵	少校	500
8702139	任多多	1104723.66	上尉	少校	5000
20001978	benn	1095732.3	上尉	少校	500
8753608	徐天道	1069567.29	上尉	少校	5000
8713901	sssssss	1054071.44	上尉	少校	5000

续表

资产账号	参赛名	累计盈利额	历史最高军衔	第九届军衔	晋衔奖金
12981066703	哈爱好哈	1043308.03	上尉	少校	500
171362757	苦瓜有点甜	1043175.59	上尉	少校	500
765120078	ddqq	1007542.31	上尉	少校	500

注：依据比赛规则，晋衔奖"累计盈利额"自 2010 年持续累计统计，当年颁发衔级晋升的选手，所有奖项奖金均为税前值，盟军选手所获奖金为常规军种的 10%。

参评年度先锋勋章奖项账户如期权盈利额占比超过 80%，需同时满足账户初始本金不低于 5 万元。

衍生战地勋章为第十届增设奖项，根据东航选手比赛账户盈利为正者且期权市场取得显著盈利综合评定。

第十一届蓝海密剑中国对冲基金公开赛奖项公告

年度先锋勋章

			单位净值	奖金
年度前六				
1	8757533	娟儿	60.92748207	60000
2	8580388	春江水	14.05986846	50000
3	3020150819	神奇小子	13.12008808	4000
4	8580558	忘情水	11.04481867	30000
5	7089017	是谁不重要	10.31475294	20000
6	116998671	哲升趋势	10.19540937	1000
基金组				
1	7730100282	一善	3.83132279	500
2	8713727	"安宁"专户	2.53198201	3000
3	12981023093	素	2.50015282	200
集团军				
1	199992000299	以梦为码	5.45948357	500
2	8510121	言尘投资	4.09276276	3000
3	208257901015	东北角2	3.51668839	200
导弹部队				
1	12630338899	过往飞扬	3.42785135	500
2	7118561	陈杰cj	3.42467191	3000
3	1080002567	七禾大自然-2	2.99945845	200
空军				
1	158105500221	红谷骑士1	3.22754605	500
2	8733850	狙击手	3.20520227	3000
3	8765536	海兵投资	3.19765413	2000

续表

海军				
1	170809013097	清阳1号	4.91843515	500
2	8582050	aaaaa	3.0605169	3000
3	13588718957	宝盈3号	3.00891052	200
陆军				
1	8680328	明日之星1-1801	8.80276134	5000
2	3711002862	善境投资（佛意）吴洪涛	7.62396111	300
3	2209556	降服妖孽1	6.25443462	200
预备役				
1	302044444	梅玉玺	9.32505327	500
2	8716723	老牛拉车	9.08015708	3000
3	763078197	忠能	8.35990507	200
远征军				
1	20001978	benn	2.87183443	5000
2	DHWC5777	新态度金童御女	2.84490385	3000
3	20001530	河南王	1.67231907	2000
机枪手				
1	7255160	5.27	3.51368934	5000
2	8755975	猴子上树	1.56034226	3000
3	85752730	游来游去	1.42698503	2000

高地军旗手

资产账号	选手	奖项说明	记录值	奖金
8757533	娟儿	打破年收益率纪录	6092.75%	10000

快速反应勋章

资产账号	参赛名	累计盈利额	历史最高军衔	第十一届军衔	晋衔奖金
7730100282	一善	113630949.3	士兵	元帅	50000
2102021208	"鲍鱼"专户	102681084.8	五星上将	元帅	20000
8808902	CTA孵化基金	51254011.13	上将	五星上将	—
12981023093	素	51904167.61	士兵	五星上将	30000
8510121	言尘投资	38591226.88	中将	上将	100000
22868802839	小丹尼（善行投资）	35457832.07	少将	上将	15000
20799006366	"trader20"专户	39823264.85	中将	上将	10000
21011011527	流氓兔二号	34891108.67	中将	上将	10000
22812301323	旭冕灵聪木剑	32383481.71	中将	上将	10000
8808963	种子二号基金	21453842.97	大校	中将	—
11339403588	依依东望	22031142.48	士兵	中将	10000
199992000299	以梦为码	25745488.27	大校	中将	7000
208257901015	东北角2	11775687.77	上校	少将	3000
13033100013	张弛有道	10634984.74	大校	少将	2000
22868805052	旭冕灵聪利剑	10168750.63	大校	少将	2000
12630336888	过王飞扬	19850034.2	大校	少将	2000
7118561	陈杰cj	5541964.04	少校	大校	25000
12650005988	王者之剑qq16681545	7195586.89	士兵	大校	3000
767550023	奔放的风靡大神	9752687.86	士兵	大校	3000
139101200666	让子弹飞-KY	6021551.7	士兵	大校	3000
13588770029	赚点旅游费	6642417.93	士兵	大校	3000
13703700188	黄建中	9316411.22	士兵	大校	3000
213280288	兰瑞1号	7717873	士兵	大校	2500
21935756789	一只小蜜蜂666	5516734.54	士兵	大校	2500
205930000075	与取投资	7902477.39	少校	大校	2500
13591200569	溪芮	9561831.93	中校	大校	2000
213290997	这个杀手不太冷	7641455.91	中校	大校	2000
1813008899	芷瀚六号	5311786.95	中校	大校	2000
156860879	易筋经	5171694.6	中校	大校	2000
13591200450	摩羯	9814738.51	上校	大校	1000
212310002	猎手一号	8904109.12	上校	大校	1000
2770299	童话	7162332.63	上校	大校	1000

续表

资产账号	参赛名	累计盈利额	历史最高军衔	第十一届军衔	晋衔奖金
8761610	odyssey	4544096.05	士兵	上校	20000
8718318	单杀所有队友	3156707.68	士兵	上校	20000
8765536	海兵投资	3335239.38	少校	上校	15000
20001978	benn	3583115.53	少校	上校	15000
158105500221	红谷骑士1	3175664.91	士兵	上校	2000
1080002567	七禾大自然-2	3316950.77	士兵	上校	2000
69290039	joiny_dycs	4653820.19	士兵	上校	2000
13595200166	恒欧2号-1	4059029.53	士兵	上校	2000
13701090165	小草交易君1号	4022621.23	士兵	上校	2000
5290190200	京华龙稳健2号	3796971.43	士兵	上校	2000
759000588	掘金量化2号	4279025.1	士兵	上校	2000
5290700566	京华龙稳健3号	3882773.67	士兵	上校	2000
759000569	掘金量化1号	3155869.19	士兵	上校	2000
158105650992	掘金量化10号	3485986.32	士兵	上校	2000
1020087660	羲然投资	3593261.67	士兵	上校	2000
765020228	拓牌王东生微展示8	4113933.63	士兵	上校	2000
763077269	火龙果	3614603.03	少校	上校	1500
22811809368	Sennazhou	4998396.23	少校	上校	1500
51999836219	宏锡量化CTA专户	3474157.41	少校	上校	1500
10777087	志道1号	4872970.91	少校	上校	1500
185666061006	远澜雪松	3417864.2	少校	上校	1500
22295888	zjclyh	4046061.86	少校	上校	1500
13266666519	低调的道道	3201836.42	中校	上校	1000
205881009990	毛主席说我真丑	4843037.55	中校	上校	1000
6580013031	fans1	3072497.35	中校	上校	1000
36991000140	何学真雷曼	3057263.99	中校	上校	1000
8757533	娟儿	2368244.77	士兵	中校	10000
DHWC5777	新态度金童御女	2615562.98	士兵	中校	10000
8580806	牛	2014919.95	士兵	中校	10000
8753258	金富东方	2257090.26	士兵	中校	10000
8808965	CTA山量1号	2298793.46	士兵	中校	10000
8753608	徐天道	2011159.34	少校	中校	5000

续表

资产账号	参赛名	累计盈利额	历史最高军衔	第十一届军衔	晋衔奖金
8763791	韭菜	2532616.52	少校	中校	5000
2209556	降服妖孽1	2167547.79	士兵	中校	1000
170809013097	清阳1号	2221714.67	士兵	中校	1000
12630338899	过往飞扬	2139307.45	士兵	中校	1000
7730100299	滔滔不绝	2929896	士兵	中校	1000
16080280116	裕	2904064	士兵	中校	1000
106117197	简诺投资	2143622	士兵	中校	1000
18728002985	叶	2010407	士兵	中校	1000
2607521	海港	2094906	士兵	中校	1000
139103988168	宝盈5号	2272778	士兵	中校	1000
6599805709	土土	2026698	士兵	中校	1000
20710305666	元鼎五号	2179057	士兵	中校	1000
205880001033	杭州道合投资	2028847	士兵	中校	1000
36991400268	天津小鲨鱼	2189601	士兵	中校	1000
1020069557	果蔬男妖02	2323515	士兵	中校	1000
5280038618	合顺十号	2057890	士兵	中校	1000
12985011618	鑫享世宸量化CTA1号	2106979	士兵	中校	1000
839999269	宝盈2号	2021293	士兵	中校	1000
792001119	雨后的树林	2541724	少校	中校	500
220050000330	王艺	2589023	少校	中校	500
21935753663	宁静6号	2097020	少校	中校	500
185666061008	远澜红松	2719737	少校	中校	500
763070210	大海的方向	2047226	少校	中校	500
8716508	大北极熊	1323117	士兵	少校	5000
7727020	老易	1191640	士兵	少校	5000
8582050	aaaaa	1242973	士兵	少校	5000
8766119	半醉半醒	1851654	士兵	少校	5000
8703251	博观约取	1148408	士兵	少校	5000
8770512	mikeNew	1121313	士兵	少校	5000
8757708	水尚融茗	1161886	士兵	少校	5000
7805122	天奕投资	1076521	士兵	少校	5000
8732690	wy	1627246	士兵	少校	5000

续表

资产账号	参赛名	累计盈利额	历史最高军衔	第十一届军衔	晋衔奖金
7805268	Victory	1306584	士兵	少校	5000
8808977	种子三号基金	1953675	士兵	少校	—
116998671	哲升趋势	1667146	士兵	少校	500
18220120997	兄弟2号	1447483	士兵	少校	500
139101200286	KY-LPC	1149513	士兵	少校	500
139105500006	开开心心	1704528	士兵	少校	500
151600003683	旭冕伯爵二号	1595356	士兵	少校	500
78900187777	ifufu	1558342	士兵	少校	500
208100500613	圣诞老人	1327120	士兵	少校	500
205881001565	毛主席真说我丑	1074468	士兵	少校	500
16817100008	新容量化	1975481	士兵	少校	500
16080200965	满头大汗满仓干	1182623	士兵	少校	500
893700426	fans2	1981907	士兵	少校	500
1100190216	Jinhao_Liang	1318330	士兵	少校	500
187808188	交易为生	1583704	士兵	少校	500
205881001188	鼋石马修	1419647	士兵	少校	500
223338070	哈爱好哈1	1591613	士兵	少校	500
208275508132	恒-对冲1号	1801001	士兵	少校	500
5280032000	雷神	1894508	士兵	少校	500
16681802789	天笑	1221620	士兵	少校	500
205881001069	毛主席说我丑哦	1387460	士兵	少校	500
78901202718	交易之道-不败	1113050	士兵	少校	500
155026851	上官立军	1852666	士兵	少校	500
893600508	宝盈6号	1193831	士兵	少校	500
2719829	诚远进取	1177399	士兵	少校	500
130912591081	日昇汇3号	1166148	士兵	少校	500
1080002985	人机结合赚贝	1081144	士兵	少校	500
2188010801229	佳丽10086号	1129850	士兵	少校	500
156610354	芒果很好吃	1705137	士兵	少校	500
759000635	掘金量化3号	1072914	士兵	少校	500
158105651050	掘金量化11号	1301010	士兵	少校	500
13630111808	tuohuangniu	1080160	士兵	少校	500

续表

资产账号	参赛名	累计盈利额	历史最高军衔	第十一届军衔	晋衔奖金
1811968701	TGR 国联	1372708	士兵	少校	500
1779080000655	博弈树量化1号私募基金	1128310	士兵	少校	500
22811808319	远澜云杉	1448695	士兵	少校	500
60560000028288	天厦量化投资	1278801	士兵	少校	500
2188006300023	龙隐洞中洞隐龙	1041516	士兵	少校	500
10711603900	融悟1号	1455377	士兵	少校	500

注：依据比赛规则，晋衔奖"累计盈利额"自2010年持续累计统计，颁发当年衔级较历史最高衔级晋升的选手，当年参赛时间不少于3个月方可参与。盟军选手所获奖金为常规军种的10%。

参评年度先锋勋章奖项账户如期权盈利额占比超过80%，需同时满足账户初始本金不低于5万元。

蓝海密剑中国对冲基金经理公开赛竞赛规则、参赛指南、奖项设置等赛况详情，请见蓝海密剑实盘大赛官网：http://www.lhmj.org/

蓝海密剑 2020 中国私募基金创富榜
参赛规则及相关说明

一、大赛规则

1. 参赛条件

大赛面向全市场私募基金机构管理的私募产品，不指定托管人或经纪商。参赛者需符合以下条件：

(1) 参赛机构需为中国证券投资基金业协会登记备案的私募基金管理人；参赛产品在参赛前已完成在中国证券投资基金业协会的备案。

(2) 同一参赛机构最多可以报名 8 个产品进行比赛，同一组别下同一机构最多可以报名 3 个产品进行比赛。

(3) 产品规模需在 1000 万元以上。

2. 比赛时间

以年为周期，连续循环，成绩计入蓝色档案。

3. 报名方式

网上 Web 端活动页面报名。

手机移动端 H5 页面报名。

随时可以报名。

4. 参赛须知

(1) 主办方会根据报名情况对拟参赛的机构及产品进行审核，并反馈是否报名成功。

(2) 管理人报名参赛即视为其已承诺将如实填报管理人信息及净值等数据。

(3) 参赛机构应于周三（节假日顺延）17：00 前到大赛指定平台录入上周最后一个交易日的累计单位净值等数据。主办方工作人员将会对净值进行审核，因参赛私募报送错误或不及时产生的排名误差，参赛私募自行负责。

(4) 大赛期间收益率为负的产品，不参与年度获奖评选。

(5) 参赛私募机构自负盈亏，需保证报送的数据及时准确全面，同时应签署授权书，授权主办方及联合主办方获取比赛相关数据，并可在官网、微信、微博、APP 等其他系统中进行合规宣传或披露。

(6) 2020 年 1 月 1 日前报名的产品，以去年 12 月 31 日的净值等数据为初始成绩；2020 年 1 月 1 日起报名的产品，以报名后录入的最早净值等数据为初始成绩。

(7) 每季度后，排行前三名的参赛机构，应主动提交经托管人确认的季度净值数据到大赛指定邮箱（lhmj@kiiik.com），以便大赛组委进行核对。

(8) 参赛产品要求真实有效，且持续净值更新。若经大赛组委核实净值有误，或净值一个月以上未更新，主办方有权取消参赛者参赛资格。

(9) 东航金控种子基金，将对部分参赛私募机构的产品进行跟投或合作发行产品。投资前，私募机构需与资方进行商务洽谈。

(10) 本次比赛为私募机构实盘交易比赛，参赛机构自行交易，所有交易须遵守相关法律法规。若主办机构发现或有人举报，经核实认定参赛机构确有舞弊行为或操纵市场等嫌疑的，立即取消参赛机构的参赛资格；由此产生的一切后果由参赛机构承担。

(11) 机构参与比赛，则视为同意东航期货、云纪网络获得及使用机构按大赛要求提供的所有数据。当主办方提出查验数据真实性时，参赛机构应当配合提供比赛期间的经托管人盖章的相关数据。如果查验数据发现虚假数据或未配合主办方提供托管人盖章的数据，则不予以榜单排名。

(12) 本次比赛排名收益率仅供参考，不构成任何投资建议。

(13) 比赛结束后，主办方将以电话或电子邮件方式通知获奖机构的报名联系人，若无法与获奖机构的联系人取得联系，则视为获奖机构自动放弃获奖权益。

二、比赛分组策略

1. 股票策略

主要投资于股票市场，且总头寸占比超过 60%。

2. 对冲策略

同时持有资产相关、规模相当的多空头寸策略，且总头寸占比超过 60%。

3. CTA 及衍生品策略

主要投资于商品及金融衍生品，且投资比例超过 60%。

4. 混合策略

采用多种投资策略，且每种策略的投资比例不超过 60%。

5. 其他策略

包括固收、日内等其他各种策略。

三、评分方法

1. 评比规则

大赛将按照股票策略、对冲策略、CTA 及衍生品策略、混合策略及其他策略共 5 项策略进行评比。每周三晚（节假日顺延）更新综合排名。

2. 评分方法

主办方根据产品参赛期间的净收益率，以及年化夏普比率、最大回撤等风险调整指标综合评价产品的表现，同时主办方专家评审结合产品规模、当赛季累计收益额、参赛时长、管理人在参赛期间的整体表现等情况进行综合打分（见下表）。

	维度	权重
综合评分	参赛期间净收益率	40%
	年化夏普比率	20%
	参赛期间最大回撤	20%
	专家评审	20%

四、奖项设置规则及比赛奖励

1. 奖项设置规则

组委会根据参赛策略分设年度前三奖项,排名前位的机构有机会获得种子基金支持及商务合作机会。参赛策略报名后当赛季内不得更改。获奖产品当赛季须盈利为正。

2. 比赛奖励

获奖机构和产品有机会获得如下奖励:

(1)东航金控十亿种子基金跟投;

(2)东航金控、东航期货白名单准入资格;

(3)入选东航金融推广渠道精选产品名单;

(4)媒体宣传推广及基金经理专访;

(5)参加线下资金对接会;

(6)受邀参加"蓝海密剑"中国对冲基金公开赛颁奖典礼、年度策略闭门会议;

(7)恒生子公司云纪网络全面系统服务(CBS),支持资产管理、风险控制等;

(8)程序化产品有机会使用交易所机房托管服务,享受高速交易通道。

五、风险免责说明

(1)本次比赛参赛机构自行交易,所有交易须遵守相关法律法规。参赛机构如有舞弊行为或操纵市场等行为,立即取消参赛机构的参赛资格,由此产生的一切后果由参赛机构承担。

(2)本次大赛组委会将本着勤勉尽职的态度竭力保证大赛的顺利进行,但不对参赛产品的任何投资风险、投资损失承担任何责任,也不对因不可抗力的因素或非主办机构所能控制的情况所导致的任何风险、系统故障或由于网络问题导致的系统故障等原因对参赛选手收益率及排名产生的影响等承担任何责任。

(3)参赛产品管理人应就产品参赛事宜向产品持有人进行披露并获得同

意，管理人因产品参赛事宜与产品持有人发生纠纷的与大赛主办方无关，所有纠纷及其产生的一切法律和经济责任均由产品管理人自行承担。

(4)本次比赛的最终解释权归大赛主办方所有，主办方有权根据实际情况对大赛规则进行修改或调整，并通过相关途径进行公告。